# Quebrando
# la intimidación

# Quebrando
# la intimidación

John Bevere

CASA
CREACIÓN

Quebrando la intimidación
por John Bevere

Título original de la obra en inglés:
Breaking Intimidation
Copyright © 1995 por John Bevere

Quebrando la intimidación
Copyright © 1999 de la edición en español, por Casa Creación
Todos los derechos reservados

Impreso en los Estados Unidos de América
ISBN 0-88419-603-8

Casa Creación
Strang Communications
600 Rinehart Road
Lake Mary, FL 32746
Tel (407) 333-7117 - Fax (407) 333-7147
Internet http://www.strang.com

Traducido por Liliana G. De Marco

A menos que se indique otra cosa,
las referencias bíblicas incluidas
en este libro corresponden a la versión
Reina-Valera Revisada de 1960.
© Sociedades Bíblicas Unidas.
Usada con el debido permiso.

Primera edición en español, 1999

# Mi más profunda apreciación a...

Mi esposa, *Lisa*. Junto al Señor, eres mi amiga más querida. Estoy eternamente agradecido al Señor por el privilegio de estar casado contigo. Gracias por las horas de edición con las que contribuiste a este libro. ¡Te amo, mi amor!

A nuestros cuatro hijos...
*Addison*, estoy agradecido por tu tierno corazón. Vives de acuerdo a tu nombre «honradez (formal, confiable)».
*Austin*, estoy agradecido por tu amor desinteresado y tu sensibilidad.
*Alexander*, amo la forma en que iluminas una habitación con tu presencia.
*Arden*, nos das un tremendo gozo.

A *John y Kay Bevere*, por ser los padres piadosos que son, soy muy feliz de que el Señor me haya permitido ser su hijo. Los amo a los dos.

Al *personal de John Bevere Ministries*, gracias por su apoyo y su fidelidad.

Un agradecimiento especial a *John Mason*, un amigo genuino, quien verdaderamente se regocija en el éxito de otros.

A todo el *personal de Casa Creación* que ha trabajado con nosotros y han sido de apoyo a nuestro ministerio. Ustedes son verdaderos compañeros y amigos en el ministerio.

Y más importante, mi sincera gratitud a nuestro Padre en los cielos por su amor inagotable, a nuestro Señor Jesús por su gracia, verdad y amor, y al Espíritu Santo por su guía fiel durante este proyecto.

## Mensaje del autor

Mientras estaba escribiendo este libro, Dios me habló proféticamente y me dijo:

«Hay muchos llamados a mi gran ejército de creyentes del tiempo final quienes están atados por la intimidación. Tienen corazones puros hacia Dios y el hombre; sin embargo, como el viejo Gedeón son tomados cautivos por el temor del hombre (Jueces 6-8).

»Los dones que puse en ellos están dormidos.

»Ungiré el mensaje de este libro para liberar multitudes de ellos. Se librarán y me obedecerán audazmente.

»Serán guerreros valientes y ganarán grandes victorias en la fuerza de su Dios.»

# Índice

# Prefacio

Ha sido mi privilegio conocer a John Bevere como un compañero de ministerio y un querido amigo por muchos años. Creo con todo mi corazón que Dios lo ha levantado para traer un mensaje de victoria, fe y esperanza a esta generación.

En *Quebrando la intimidación* John Bevere trae un oportuno y muy necesitado mensaje al Cuerpo de Cristo. Necesitamos usar los dones que Dios nos ha dado para alcanzar al mundo. Pero en lugar de hacerlo, muchos de nosotros nos estamos echando atrás a causa de los sutiles y no tan sutiles ataques a nuestra autoridad en Cristo.

Satanás arregla las circunstancias y usa a la gente para detener el don de Dios en ti de cualquier forma que pueda. La Palabra de Dios incluye muchos ejemplos de creyentes que fueron intimidados y se abrieron camino hacia la victoria —Josué, Gedeón, Nehemías y David por mencionar solo unos pocos. La Biblia dice:

> *«Ninguna arma forjada contra ti prosperará...»*
> —Isaías 54.17

A través de este libro y del poder del Espíritu Santo, usted puede convertir la intimidación en victoria. ¡Quiera Dios levantar en esta generación un ejército de guerreros quienes nunca se vuelvan atrás!

—John Mason
Autor de: *An Enemy Called Average, Let Go of Whatever Makes You Stop* y *Words of Promise*.

# Introducción

Incontables cristianos batallan con la intimidación, y aun más son los que luchan con sus efectos en lugar de luchar con la causa. Imaginémonos una hermosa casa con muebles y adornos caros, pero que le falta una parte del techo. Viene una lluvia fuerte e inunda toda la casa; casi todo se arruina. Toma días quitar toda la humedad y los adornos, cortinados y muebles dañados. Entonces el dueño trabaja de manera diligente para reemplazar todo lo que fue destruido.

Cuando el trabajo esta casi terminado, viene otra tormenta y destruye toda su restauración interior. Frustrado, él comienza nuevamente el tedioso y desalentador trabajo de restauración. Es solo cuestión de tiempo antes de que la lluvia lo destruya todo, y otra vez, con cada aguacero sus fortalezas y recursos se van agotando. Desanimado, finalmente detiene su trabajo y se acostumbra, porque cree que es la realidad de la vida.

Por supuesto esto suena absurdo. Probablemente estés pensando: «*¿Por qué no arregla el techo y luego restaura lo que se perdió? ¡Qué persona tonta!*» Sin embargo este escenario describe la forma en que muchos batallan con la intimidación. Luchan para corregir sus efectos —desaliento, confusión, desesperanza, desazón, etcétera— ¡en lugar de romper el poder de la intimidación!

Algunos dan pelea a la intimidación yendo a consejeros para aprender a vivir con sus temores. Otros se resignan a una vida de esclavitud y timidez, temerosos de tener esperanzas de libertad. Ambas situaciones son como vivir con un agujero en tu techo y los muebles empapados.

Otros se aíslan y, ya sin esperanzas, hasta abandonan su casa mojada.

El mensaje de este libro no te enseñará cómo contender. Compartiré el camino de Dios hacia la libertad del temor y la intimidación. Entonces podrás cumplir el llamado de Dios en tu vida.

He gastado muchas horas en mi computadora trabajando en este libro y pidiéndole al Señor que mi guíe mientras escribo. Una mañana, mientras estaba trabajando sentí que la presencia del Señor vino a la habitación. Me levanté de mi silla y comencé a caminar y orar. Mientras oraba, el Espíritu del Señor vino sobre mí en profecía, y fueron estas las palabras que surgieron:

Mientras estaba escribiendo este libro, Dios me habló proféticamente y me dijo:

> *«Hay muchos llamados a mi gran ejército de creyentes del tiempo final quienes están atados por la intimidación. Tienen corazones puros hacia Dios y el hombre; sin embargo, como el viejo Gedeón son tomados cautivos por el temor del hombre (Jueces 6-8).*
>
> *»Los dones que puse en ellos están dormidos.*
>
> *»Ungiré el mensaje de este libro para liberar de ellos a las multitudes. Ellos se librarán y me obedecerán audazmente.*
>
> *»Serán guerreros valientes y ganarán grandes victorias en la fortaleza de su Dios.»*

Esto no es solo una enseñanza teórica. Durante años estuve atado por la intimidación. El mayor obstáculo que enfrentaba era el no conocer la fuente de mis problemas. Dios puso al descubierto a este malvado enemigo. Desde entonces Dios ha usado este mensaje para liberar cristianos alrededor de todo el mundo. Un líder exclamó: «¡Este mensaje necesita estar en las manos de cada pastor en Norteamérica!»

No es solo un mensaje para los pastores sino para todos en la iglesia. No creo que este libro este en tus manos por accidente. A medida que eres liberado, por favor, comparte este mensaje con otros que lo necesiten. Compartiéndolo, el mensaje se afirmará en ti.

Te animo a unirte a mí en oración mientras comienzas tu aventura. Por favor, abre tu corazón y di estas palabras en la presencia de Dios:

«Padre, en el nombre de mi Señor Jesucristo, pido que el Espíritu Santo me revele tu Palabra mientras leo este libro. Por favor, expone y remueve cualquier inseguridad en mi vida, para que la misma raíz de la intimidación pueda ser destruida. Pueda yo acercarme a ti y con osadía testificar de mi Señor Jesucristo.»

# Estableciendo tu posición espiritual

«Camina en la autoridad dada por Dios, o alguien la tomará y la utilizará en contra tuya.»

# Capítulo 1

# Camina en tu autoridad

Mientras sirvo al Señor me doy cuenta cada vez más que Él utiliza circunstancias y personas a fin de prepararnos para cumplir su llamado para nuestras vidas.

En 1983 dejé mi carrera y posición como ingeniero para entrar a trabajar en el ministerio a tiempo completo, ayudando en una iglesia muy grande. En mi posición servía al pastor, a su esposa y a todos los nuevos ministros, encargándome de la tareas menores a fin de liberarlos a ellos para que pudieran hacer el trabajo para el cual Dios los había llamado. Luego de cuatro años Dios me liberó para ser el pastor de jóvenes de otra iglesia grande.

La semana en que iba a irme, un hombre que también estaba en el equipo le dijo a mi esposa que Dios le había dado una palabra para mí. Desde entonces esa palabra ha resonado en mi oído como una advertencia ofreciendo protección a la sombra de su sabiduría y fortaleza. Como cualquier otra palabra verdadera de Dios se ha convertido en timón para mi vida y cimiento para guardarme de la incertidumbre.

Este hombre le advirtió a mi esposa: «Si John no camina en la autoridad que Dios le ha dado, alguien se la quitará y la utilizará en su contra.» Estas palabras tuvieron un impacto inmediato. Las reconocí como sabiduría de Dios, pero no tenía el completo entendimiento de cómo aplicarlas. Ese conocimiento vendría en los años siguientes.

## Una experiencia que cambia la vida

Al comienzo del año 1990 el Señor me confirmó que su llamado para mi vida en ese tiempo era el de viajar y ministrar. Luego de haber estado en ese camino un corto tiempo, tuve una experiencia de cambio de vida a través de la cual, finalmente, comprendí las palabras de instrucción que Dios me había dado años atrás.

Habíamos comenzado a conducir las reuniones en una iglesia el miércoles por la noche y estaba previsto que continuaran hasta el domingo. El Espíritu de Dios se movió de una forma muy poderosa y hubo grandes liberaciones, sanidades y salvación. La presencia de Dios en las reuniones aumentaba cada noche.

Durante la primera semana una señorita involucrada en el movimiento de la Nueva Era fue liberada de forma gloriosa. Esto pareció ser el catalizador que dio impulso a las reuniones. Antes de terminar la semana la gente estaba viniendo a las reuniones desde un radio de150 kilómetros.

El pastor dijo: «No podemos parar estas reuniones. Dios tiene más guardado para nosotros.» Estuve de acuerdo con él y continué durante veintiún servicios. La Palabra de Dios fluía como un arroyo de corriente rápida y los dones del Espíritu se manifestaban en cada servicio.

Durante la segunda semana de reuniones, una noche me di vuelta mientras predicaba y miré a los músicos y cantantes (había aproximadamente veinticinco de ellos en la plataforma). Entonces declaré: «Hay pecado en esta plataforma. Si no te arrepientes, Dios lo expondrá.»

Luego de escucharme a mi mismo decir eso, pensé «¡*Wow! ¿De dónde vino eso?*» Había estado predicando durante el tiempo suficiente como para saber que hay veces cuando la unción de Dios sobre ti es tan fuerte que harás declaraciones que tus oídos físicos podrán oír solo después que han sido dichas. Eso es predicación profética — cuando hablamos por inspiración divina.

Mi mente comenzó a cuestionar lo que había dicho, pero rápidamente descarté esos pensamientos porque sabía que venía de Dios. No lo había premeditado. La unción para predicar permanecía fuertemente sobre mí.

Las multitudes aumentaban en cada servicio. Durante la tercer semana —nuevamente, mientras predicaba— me di vuelta, apunté con mi dedo a los que estaban en la plataforma y declaré de manera firme a través de la unción del Espíritu Santo: «¡Hay pecado en esta plataforma. Si no te arrepientes, Dios lo expondrá y serás removido!» Sentí un aumento en autoridad y confianza. Esta vez no lo cuestioné; sabía que Dios estaba en el proceso de purgar el pecado de su casa.

## Juzgar o ser juzgado

Si el pecado se desliza en nuestras vidas, el Espíritu Santo nos acusa y nos instruye. Sin embargo, si no escuchamos comenzaremos a crecer fríos y sombríos. Esto continuará hasta que ya no seamos más sensibles a Él en nuestros corazones.

Entonces, para poder alcanzarnos y protegernos de aquellos que nos rodean, Dios enviará alguien a exponer lo que esta mal. Él no hace esto con el propósito de avergonzarnos sino para advertirnos y protegernos. Si aun así nos rehusamos a escuchar, vendrá el juicio. «Si, pues, nos examinásemos a nosotros mismos, no seríamos juzgados; mas siendo juzgados, somos castigados por el Señor, para que no seamos condenados con el mundo» (1 Corintios 11.31-32).

Dios tolerará el pecado por un tiempo para darnos oportunidad de arrepentirnos y evitar su castigo. Y aun en su castigo, su deseo es que no seamos condenados con el mundo. El hijo pródigo volvió en sus sentidos cuando estaba en la porqueriza. Es mejor volver a tus sentidos en una porqueriza que continuar en tu pecado, y un día escuchar al Maestro decir: «...Nunca os conocí; apartaos de mí, hacedores de maldad» (Mateo 7.23).

Si no nos arrepentimos sufrimos, aunque ese no sea el deseo de Dios para nosotros. Refiriéndose a esto, Pablo dijo: «Por lo cual hay muchos enfermos y debilitados entre vosotros, y muchos duermen [están muertos]» (1 Corintios 11.30). El pecado finalmente producirá la muerte física y espiritual. Yo sentía que el Señor estaba corrigiendo a alguien en la plataforma, tratando de llevar a esa persona al arrepentimiento. Pero no sabía a quién Él estaba tratando de convencer de pecado.

## Un sutil ataque de intimidación

A la siguiente noche, mientras el pastor y yo estábamos en su oficina preparándonos para ir al servicio, vino un anciano y reportó que los ministros de la música y alabanza parecían estar enojados y negativos esa noche. El pastor pensó que simplemente debían estar cansados por tantos servicios y dijo: «Solo diles que salgan y alaben a Dios, y que dejen sus sentimientos a un lado.»

Yo miré al anciano y dije: «Espera un momento. ¿Hay algo que anda mal?»

El anciano contestó: «Bueno, ellos piensan que usted ha sido muy duro con ellos. Piensan que debiera dirigirse a ellos privadamente en lugar de hacerlo en público.»

Aunque no me había dado cuenta de eso en ese momento, este era un momento muy crucial. La autoridad que Dios me había dado para servir y proteger estaba siendo desafiada. El enemigo no estaba contento con lo que estaba sucediendo en esas reuniones y quería ponerle un alto a eso.

Yo tenía una opción, aunque en ese momento no me había dado cuenta. Podía ceder a la intimidación echándome atrás sobre lo que les había dicho a los ministros de música, perdiendo de ese modo mi posición de autoridad. O podía permanecer en mi autoridad quebrando el poder de la intimidación de ellos por permanecer firme en lo que Dios había dicho.

Inmediatamente pensé: «*John, ¿por qué avergonzaste a esta gente? ¿Por qué no podías simplemente predicar tu mensaje sin darte vuelta y señalarlos con el dedo? Ahora la gente de la iglesia esta muy ocupada tratando de descubrir quien en la plataforma esta en pecado. ¿Qué pasa si ninguno de ellos lo esta? ¿O si hay pecado y nunca es expuesto? La gente todavía seguirá sospechando y aquellos que son puros sufrirán. La iglesia será entorpecida. ¿He destruido lo bueno que había sido hecho en esta iglesia? Si lo he hecho, eso me dará una mala reputación, y recién acabo de comenzar mi viaje.*»

Una y otra vez esos pensamientos asaltaban mi mente. Mis temores habían comenzado a centrarse en un pensamiento: «*¿Qué me sucedería?*» Así es como la intimidación cambiará tu enfoque. La razón: La raíz de la intimidación es el temor, y el temor hace que la gente se enfoque en sí misma. El perfecto amor quita fuera el temor, porque el amor pone su enfoque en Dios y en otros y se niega a sí mismo (1 Juan 4.18).

El pastor no dijo nada. Los tres nos tomamos de las manos y oramos que la voluntad de Dios pudiera ser hecha en este servicio. Nos dirigimos a la plataforma de la misma forma que lo habíamos hecho cada noche durante las últimas tres semanas. Durante el tiempo de alabanza y adoración noté que la palabra del Señor estaba llenando mi corazón. No sentía ninguna dirección, pero pensé: «*Dios es fiel.*» Sabré qué decir y hacer en el momento de llegar al púlpito.

El tiempo de la alabanza y adoración se terminó, y mientras el pastor daba algunos anuncios, yo no escuchaba nada en mi corazón. Pensé: «*Me pondré de pié y Dios me dirigirá mientras me levanto. No soy uno de los que prepara bosquejos y tiene los sermones listos.*» Yo estudio, oro, y luego hablo desde mi corazón por inspiración. Mi preocupación crecía a medida que el tiempo pasaba; sabía que no tenía nada para decir a no ser que Dios me dirigiera.

Entonces el pastor me presentó. Me dirigí al púlpito y, como no tenía dirección, dije: «Oremos.» Aun mientras oraba no recibía ninguna dirección. Oré durante varios minutos. Para peor mis oraciones eran muertas. Era como si mis palabras salieran de mi boca solo para caer sobre mis pies. Pensé: «*¿Qué voy a hacer?*» Tomé la decisión de dar un mensaje de los Salmos que ya había predicado en otra oportunidad.

Mientras predicaba no sentía vida ni unción en el mensaje. Luchaba para mantener mis pensamientos juntos. Parecía que Dios no se encontraba en ninguna lado. Podía pensar: «*¿Por qué dije eso?*» o «*¿A dónde estoy llevando esto?*» Parecía como si estuviera siendo guiado por la confusión, no por el Espíritu Santo. Continué consolándome a mi mismo de que Dios se mostraría y nos salvaría de la confusión en la que estaba. Sin embargo se puso peor. Finalmente terminé el mensaje y el servicio luego de aproximadamente treinta y cinco minutos.

Desconcertado regresé al lugar donde había estado antes. «Dios, ¿por qué no te mostraste?», pregunté. «Cada servicio ha sido maravilloso y poderoso, sin embargo este no ha tenido vida. Si yo hubiera sido la gente que escuchaba, no habría vuelto. De hecho, yo no quiero volver.» Esa noche me fui a la cama sintiéndome como si me hubiera tragado un saco de arena.

A la mañana siguiente me desperté sintiéndome como si el saco de arena hubiera crecido. Me sentía tan pesado que no quería salir de la cama. El gozo me eludía. Me puse a orar y nuevamente le pregunté a Dios: «¿Por qué no te mostraste?»

No hubo respuesta.

«¿He pecado? ¿Te he afligido?»

Todavía permanecía el silencio. Oré durante una ora y cada minuto era una lucha. Puse una cinta de alabanzas y comencé a cantar simultáneamente. Pensé: *«Dios da la vestidura de la alabanza para el espíritu de pesadez. Tengo que salir de esto.»* Sin embargo experimenté media hora de un canto sin vida. Me sentí más frustrado. «¿Qué he hecho? ¿Por qué no me respondes?»

Luego del almuerzo me dirigí a un campo cercano. *Pensé: «Ataré al demonio. Que sea hecho.»* Pero era yo el que me sentía atado. Estuve afuera orando y gritándole al diablo durante tres horas, hasta que casi perdí mi voz. Tenía que irme y alistarme para el servicio. Me consolé a mí mismo: «Con toda esta resistencia, Dios se mostrará fuertemente esta noche. John, solo camina por fe.»

Esa noche pasamos a través de la alabanza, la adoración, los anuncios y la ofrenda, y tuve la misma sensación que la noche anterior. Nuevamente pensé: *«Dios vendrá tan pronto como me levante para ir al púlpito.»* Fui presentado y nuevamente—nada. Oré por dirección, y hubo silencio.

Comencé a predicar otro mensaje que ya había ministrado antes, y estaba abrumado por la confusión. No había vida, ni unción, ni dirección. Luego de cinco minutos de esta confusión dije: «Hermanos, necesitamos orar. ¡Aquí hay algo que no esta bien!» Toda la congregación se puso de pié, y todos juntos comenzamos a orar fervientemente.

## La intimidación expuesta

Repentinamente oí la voz de Dios que me hablaba por primera vez en más de veinticuatro horas. Él me dijo: «John, estás intimidado por las personas en la plataforma que están detrás tuyo. Has sido derribado de tu posición de autoridad, y el don de Dios en ti se ha apagado.»

Con esta suave represión un estallido de luz inundó mi

espíritu. Mientras todos oraban durante los próximos cinco minutos, el Espíritu de Dios me llevó a través de la Biblia, mostrándome los numerosos incidentes en los que hombres y mujeres habían sido intimidados y como esto causó que el don de Dios en ellos fuera anulado. Vi como ellos cedieron su autoridad y perdieron su efectividad en el Espíritu. Luego me llevó a través de los años pasados y me mostró como yo había hecho lo mismo.

Inmediatamente comencé a quebrar el poder de la intimidación sobre mí a través de la oración. (Hay un ejemplo de esta oración en el epílogo.) Durante los próximos setenta y cinco minutos prediqué como un hombre ardiente sobre las Escrituras que Dios me había dado. Cuando terminé, dos tercios de la congregación pasaron al frente para recibir libertad de la intimidación. Este fue el mejor servicio de todo el avivamiento.

Menos de una semana después Dios comenzó a exponer el pecado que había en la plataforma. Se descubrió que la persona que tocaba el bajo se emborrachaba después de los servicios. Además uno de los cantantes estaba durmiendo con una jovencita de la congregación. Ambos fueron removidos de sus posiciones. El bajista dejó la iglesia, pero el cantante se arrepintió y fue restaurado en su caminar con el Señor.

Poco tiempo después, la líder de la alabanza y adoración, junto con otros pocos más, causó una división en la iglesia. La cuarta parte de la iglesia se fueron con ellos. Mientras esto sucedía, la líder mencionada se involucró en adulterio, y en menos de un año se divorció de su esposo. El último reporte es que ella estaba viviendo con otro hombre. De las familias que lideraron la división, solo una pareja aun sigue casada.

Esa era la gente que se había quejado de que había sido muy duro con ellos. Dios les estaba dando una advertencia. ¡Cuánto mejor habría sido si ellos hubieran aceptado la advertencia en sus corazones.

He regresado a esa iglesia dos veces y he descubierto una unidad y una fortaleza como nunca antes. El pastor explicó: «Era Dios purificando nuestra iglesia, y eso nos hizo más fuertes. ¡Nuestra adoración y alabanza nunca fueran tan libres!» También dijo que ya no tenían una gran cantidad de luchas y contiendas con las que antes debían batallar. ¡Alabado sea Dios!

Lo que Dios impartió en esos cortos cinco minutos de oración durante aquel servicio ha crecido en el mensaje que usted esta a punto de leer. Él me guió a predicar este mensaje a través de todo el mundo. Como resultado, he visto incontables hombres y mujeres liberados de la cautividad de la intimidación.

## Un mensaje para todos

Aunque este mensaje fue revelado mientras yo buscaba a Dios en medio de un conflicto, no piense que esta lección se limita solo a aquellos que estaban detrás del púlpito. Incontables cristianos luchan con la intimidación. Con frecuencia aquellos que están intimidados no se dan cuenta con que están peleando. Como la mayoría de los artificios de Satanás, la intimidación es camuflada y sutil. Sentimos sus efectos —depresión, confusión, pérdida de fe— sin conocer su raíz. Habiéndome dado cuenta de que estaba intimidado, no habría tenido tal batalla en aquella iglesia. Pero gracias a Dios por la lección que me fue enseñada.

En frustración, la mayoría de nosotros luchamos con el fruto de la intimidación en lugar de hacerlo con la intimidación misma—y con su raíz. Por lo tanto podemos experimentar alivio temporal, pero nuestra lucha no termina. Puedes sacar todo el fruto de un árbol, pero mientras sus raíces sigan intactas, sus frutos volverán a crecer. Este ciclo puede ser desanimador porque sentimos como si simplemente no pudiéramos librarnos de esos obstáculos. Comenzamos a sentirnos desesperados y preferimos un lugar mucho más bajo del que Dios nos ha llamado.

Las verdades en este libro no solo te ayudarán a identificar la intimidación sino también a equiparte con el conocimiento que necesitas para quebrar su dominio sobre tu vida. Es mi oración que mientras lees y caminas en estas verdades, puedas ser liberado para cumplir tu llamado como un siervo de nuestro Señor Jesucristo.

Puedes estar ahora ansioso por confrontar la intimidación que enfrentas. Con frecuencia cuando vemos algo que nos oprime, queremos alivio inmediato, pero usualmente pero el arreglo inmediato viene con un alto precio: no es permanente. Quiero revelar cuidadosamente este mensaje tal como me fue revelado a mí. En los próximos tres capítulos daré un fundamento crucial, comenzando con el entendimiento de nuestra posición espiritual y autoridad.

*«Satanás busca des*
*para recobrar la u*
*de la que Jesús lo despojo».*

## Capítulo 2

# Posición espiritual y autoridad

Comencemos discutiendo la palabra que me fue dada: «Si no caminas en la autoridad que te fue dada por Dios, alguien te la quitará y la usará en tu contra.»

Primero es importante entender que hay un lugar de habitación o posición en el espíritu que tenemos como creyentes en Jesús. Con esta posición viene la autoridad. Esta autoridad es la que quiere el enemigo. Si él puede conseguir que cedamos nuestra autoridad dada por Dios, él la tomará y la utilizará en nuestra contra. Esto no solo nos afecta a nosotros sino también a aquellos que nos han sido puestos bajo nuestro cuidado.

Hay varias escrituras pertinentes a nuestro lugar de autoridad en el espíritu. Examinemos unas pocas.

> *«El que habita al abrigo del Altísimo morará bajo la sombra del Omnipotente.»*
>
> —Salmo 91.1

> *«Me sacó a lugar espacioso; me libró, porque se agradó de mí.»*
>
> —Salmo 18.19

*«Mi pie ha estado en rectitud; en las congregaciones bendeciré a Jehová.»*

—SALMO 26.12

Los creyentes ocupamos un lugar en el espíritu. Es imperativo que tu como creyente no solo conozcas ese lugar sino que también funciones en él. Si no conoces tu posición, no puedes funcionar adecuadamente en el cuerpo de Cristo.

Esta posición y la autoridad que ella acarrea pueden ser perdidas o robadas. Un claro ejemplo bíblico es Judas Iscariote. Luego de que Jesús ascendió a los cielos, los discípulos se reunieron para orar. En ese momento, Pedro explicó lo que le había sucedido a Judas:

*«Porque está escrito en el libro de los Salmos: sea hecha desierta su habitación, y no haya quien more en ella.»*

— HECHOS 1.20

Judas perdió su lugar en el espíritu permanentemente, por la transgresión (Hechos 1.16-17). Esta es la principal forma en que el enemigo derriba a la gente de su autoridad espiritual. Así fue como logró que Adán y Eva cayeran, desplazándolos y ganando el señorío sobre ellos y sobre todo lo que gobernaban.

Adán y Eva tenían la posición de autoridad más alta sobre la tierra. Cada criatura viviente y toda la naturaleza estaban bajo su autoridad. Dios dijo: «...y señoree en los peces del mar, en las aves de los cielos, en las bestias, en toda la tierra, y en todo animal que se arrastra sobre la tierra» (Génesis 1. 26b). Nada sobre esta tierra en el campo espiritual o natural estaba sobre la autoridad de la humanidad, salvo Dios mismo.

Cuando Adán tenía su posición de autoridad no había enfermedades, terremotos, hambruna o pobreza. Era el dominio del cielo en esta tierra, mientras Adán caminaba en comunión con Dios y gobernaba por el poder y la autoridad delegada por Él. Pero con el pecado de Adán vino la muerte de todo bajo su autoridad. Por la transgresión cedió su lugar en el espíritu al enemigo de Dios.

Las Escrituras dan testimonio de esto por la jactancia de Satanás al tentar a Jesús en el desierto. Satanás lo llevó a una montaña alta para mostrarle todos los reinos del mundo, declarando:

> *«Y le dijo el diablo: A ti te daré toda esta potestad, y la gloria de ellos; porque a mí me ha sido entregada, y a quien quiero la doy.»*
> —Lucas 4.6

Dios le había confiado autoridad a Adán, y él en su momento se la cedió a Satanás. Adán perdió más que simplemente su posición. *Todo* lo que Dios había puesto bajo su cuidado fue afectado. Tomó lugar una declinación gradual de toda la armonía y el orden.

Un ejemplo de esto lo tenemos en el reino animal. En el huerto, bajo el dominio de Dios y Adán, los leones no se devoraban a los otros animales (Isaías 65.25). Las cobras no tenían mordidas venenosas (Isaías 65.25). Los corderos no tenían motivo para temer a los lobos o a cualquier otra criatura de presa (Isaías 65.25). Inmediatamente después de la caída vemos que un animal inocente es sacrificado para vestir la desnudez del hombre (Génesis 3.21). Más tarde vemos la enemistad y el temor puestos sobre el hombre y los animales a los que él una vez gobernó (Génesis 9.2).

Otra área afectada fue la misma tierra. El suelo fue maldecido, trabajando contra el hombre en lugar de hacerlo a su favor, mientras el se esforzaba para hacer nacer lo frutos que una vez habían sido provistos generosamente (Génesis 3.17-19). Romanos 8.20 nos dice: «Porque la creación fue sujetada a vanidad, no por su propia voluntad...»

Nada en la tierra, ya sea natural o espiritual, escapó de los efectos de la desobediencia. Iniquidad, muerte, enfermedad, pobreza, terremotos, hambrunas, pestilencias y más entraron en la tierra. Hubo una pérdida de orden divino y autoridad. El primer hijo de Adán aprendió a odiar, envidiar y matar. El enemigo había tomado la autoridad dada por Dios para protección y provisión, y la puso en contra de toda la creación utilizándola ahora para destrucción y muerte.

## Autoridad restaurada

Un hombre cedió su posición de autoridad, por lo tanto solo un hombre podía restaurarla. Miles de años después Jesús nació. Su madre era una hija del pueblo del pacto con Dios; su padre, el Espíritu Santo de Dios. Él no era parte hombre y parte Dios. Era *Emanuel*, «Dios revelado en un hombre» (ver Mateo 1.23). El hecho de que fuera humano le daba el derecho legal de recobrar lo que se había perdido. Porque era el Hijo de Dios, estaba libre del señorío que el enemigo había adquirido sobre el hombre.

Él reveló la voluntad de Dios en todo lo que dijo e hizo. Los pecados fueron perdonados porque en su presencia el pecado no tiene dominio. Las enfermedades y los males se postraron ante su autoridad y poder (Lucas 5.20-24). La naturaleza misma estaba sujeta a su mandato (Marcos 4.4). Caminó en la autoridad que Adán había abandonado. A través de la obediencia y el sacrificio Jesús restauró la autoridad dada por Dios que Adán había perdido, y por lo tanto nuestra relación con Dios.

Antes de retornar a su Padre, Jesús declaró: «...Toda potestad me es dada en el cielo y en la tierra. Por tanto, id y haced discípulos a todas las naciones, bautizándolos en el nombre del Padre, y del Hijo, y del Espíritu Santo; enseñándoles que guarden todas las cosas que os he mandado; y he aquí yo estoy con vosotros todos los días, hasta el fin del mundo. Amén» (Mateo 28.18-20).

Es claro que Jesús recobró lo que Adán había perdido y más. Satanás y Adán solo tuvieron dominio sobre la tierra, pero el dominio de Jesús no solo incluía la tierra sino también el cielo. Se levantó por encima del lugar de autoridad que Satanás había desposeído. Luego de revelar su posición y autoridad Jesús nos dijo «Por tanto, id» ¿Por qué hizo Jesús esta conexión entre su autoridad y nuestro llamado? Encontramos la respuesta en los escritos del apóstol Pablo.

## Posición de autoridad

Pablo oró que nosotros conociéramos la «supereminente grandeza de su poder para con nosotros los que creemos … la cual operó en Cristo, resucitándole de los muertos y sentándole a su diestra en los lugares *celestiales*» (Efesios 1.19-20, énfasis añadido). Note que no es un lugar celestial singular; Pablo claramente dice «lugares». La razón para esto se encuentra solo unos pocos versos después donde leemos: «Y él os dio vida a vosotros, cuando estabais muertos en vuestros delitos y pecados … y juntamente con él nos resucitó, y asimismo nos hizo sentar en los lugares celestiales con Cristo Jesús» (Efesios 2.1,6). Esos *lugares* son donde sus hijos redimidos habitan.

Ahora la pregunta es ¿Dónde están esos lugares de habitación, y qué posición tienen? La respuesta se encuentra en Efesios 1.21: «*Sobre todo* principado y autoridad y poder y señorío, y sobre todo nombre que se nombra, no sólo en este siglo, sino también en el venidero» (énfasis añadido).

Al hombre redimido escondido en Cristo le es dada una posición en el espíritu por encima del diablo. Jesús fuertemente declaró: «He aquí os doy potestad … y sobre toda fuerza del enemigo, y nada os dañará» (Lucas 10.19).

Ahora entendemos el mandato «Por tanto, id». Jesús comprendía la autoridad que le había confiado a los creyentes. Nuestros derechos del nuevo nacimiento nos han posicionado en aquellos lugares celestiales por encima del poder y la autoridad del enemigo.

Igual que como lo hizo con Adán en el jardín del Edén,

Satanás ahora busca desplazarnos en el espíritu para poder recuperar la autoridad que Jesús le quitó. Si Satanás puede robar o causar que los individuos cedan sus posiciones, entonces una vez más tiene autoridad para operar. Pablo dijo esto claramente: «Ni deis *lugar* al diablo» (Efesios 4.27, énfasis añadido). Nosotros los creyentes no debemos ceder nuestro lugar en el espíritu.

## Rangos en el reino

Debemos darnos cuenta de que el Reino de Dios es justamente eso: un *reino*. Los reinos están estructurados por rango y autoridad. Los dominios celestiales no son una excepción. Cuanto más alto es el rango, mayor la influencia y la autoridad.

En el jardín, Satanás no perseguía al elefante o al león. Él entendía la autoridad y fue tras el hombre de Dios. Sabía que si poseía al hombre poseería todo lo que él cuidaba y que le había sido encomendado.

De la misma forma, cuando el enemigo va tras de la iglesia, su primer blanco es el liderazgo. Recientemente el pastor de una gran congregación decidió divorciarse de su esposa. No había una razón escritural para eso, y el divorcio devastó a su esposa e hijos. Cuando el liderazgo bajo su cuidado cuestionó sus motivos, él les dijo que si no les gustaba podían irse.

Intencionalmente transgredió el mandato de Dios liberando un espíritu de divorcio y decepción a través de la congregación. Luego de esto hubo un aumento de divorcios en su iglesia, aun entre el liderazgo. Otros se desanimaron. En estado de shock fueron de una iglesia a otra preguntándose en quién podrían confiar. Cuando Satanás derriba al *guardián de la casa* de su posición, todos aquellos que están bajo su cuidado quedan vulnerables.

He observado cómo los padres intencionalmente transgreden los mandamientos de Dios. Es solo cuestión de tiempo antes que sus hijos sigan el ejemplo de ellos. Usted puede decir que esto es una maldición, pero, ¿por qué sucede? A través del pecado los padres han perdido su posición de autoridad en el espíritu, dejando a sus hijos vulnerables ante el enemigo.

## Dando ocasión a los enemigos del Señor

Este principio está ilustrado en la vida de David (2 Samuel 8-18). El reino estaba fuerte y seguro bajo su liderazgo. Dios lo había bendecido con muchos hijos e hijas. Entonces David tomo para si mismo lo que Dios no le había dado; cometió adulterio con Betsabé. Ella quedó embarazada y, para complicar la situación, su marido estaba en la guerra defendiendo los dominios de David.

David envió por su marido, Urías, esperando animarlo para que durmiera con Betsabé y así aparecería como el padre del bebé. Sin embargo, Urías, en devoción a David y a su reino, no tuvo intimidad con su esposa mientras sus compañeros soldados estaban en combate. David vio que el plan para cubrir su pecado no iba a funcionar. Sabía que era solo cuestión de tiempo antes que Urías se diera cuenta de que su esposa estaba embarazada. Finalmente todo el mundo sabría que el padre era David.

Entonces David planeó la muerte de Urías, enviándolo nuevamente a la batalla, llevando su propia sentencia de muerte. Urías fue ubicado en medio de la batalla más feroz. Entonces, cuando fue rodeado por el enemigo, se le ordenó a aquellos que peleaban a su lado que se retiraran. Urías cayó bajo la mano del enemigo. Un acto de adulterio de David lo llevó al engaño, la mentira y el asesinato.

Pronto el profeta Natán fue a ver a David para exponer ese pecado. David confesó: «Pequé contra Jehová.» Entonces Natán le dijo: «También Jehová ha remitido tu pecado; no morirás» (2 Samuel 12.13).

David se arrepintió y fue perdonado. Dios lo liberó de

su transgresión (Isaías 43.25-26). Pero Natán continuó advirtiendo a David: «Mas por cuanto con este asunto hiciste blasfemar a los enemigos de Jehová...» (2 Samuel 12.14).

David fue perdonado, pero hizo que su vida y su familia fueran vulnerables a los enemigos de Dios —no solo a los enemigos naturales sino también a los espirituales. Su familia y la nación de Israel sufrieron grandemente.

El primer hijo de David con Betsabé murió. El hijo mayor de David, Amnón, heredero del trono, violó a su media hermana, Tamar. Absalón, hijo de David y hermano de Tamar, tomó venganza matando a su medio hermano Amnón.

Absalón volvió los corazones de muchos de los hombres de Israel contra David y tomó su trono. Deshonró a las concubinas de su padre, y envió a los hombres de Israel a perseguir y matar a David. El complot fracasó y Absalón murió.

Tres de los hijos de David murieron porque él había expuesto a su familia a los enemigos de Dios por su transgresión.

He visto hijos de ministros que se drogan, son hostiles a la iglesia y atados a la lujuria y la homosexualidad porque sus padres perdieron sus posiciones en el espíritu a través de la transgresión. Necesitamos tomar seriamente la Biblia cuando dice: «Hermanos míos, no os hagáis maestros muchos de vosotros, sabiendo que recibiremos mayor condenación» (Santiago 3.1). La razón por la que los maestros (pastores) son juzgados más estrictamente es por causa del gran impacto de su desobediencia. No solo se lastiman a ellos mismos sino también a aquellos que están bajo su tutela. Dios los perdona así como lo hizo con David. Sin embargo, cosecharan lo que siembran. ¡Le dan *lugar* al enemigo!

Me doy cuenta que estas son palabras duras. Apelo a ustedes con toda humildad y escribo estas palabras con temor y temblor. Hemos visto muchas tragedias, especialmente en ministerios. No debemos juzgar o condenar. Necesitamos perdonar y alcanzar a aquellos que han fallado. Si se arrepienten, serán perdonados por Dios. Pero escribo estas palabras como instrucción y advertencia para aquellos a los que el enemigo tiene como blanco. Todos nosotros debemos caminar en humildad y restauración.

Tengo cuatro hijos. Me he dado cuenta de la gran responsabilidad que tengo por sus vidas. Ellos son de Dios, y yo soy sólo un administrador puesto sobre ellos. No quiero ver nunca sus vidas devastadas porque yo de lugar al diablo.

Cuando estaba en el ministerio de servicio me encargaba de trabajos menores para que aquellos a los cuales servía pudieran cumplir con el llamado de Dios para sus vidas. Me encargaba de la lavandería, de retirar sus hijos de la escuela, de lavar sus autos y muchas cosas de ese estilo. Un día Dios me dijo algo que me dio una seria perspectiva en el ministerio. Me dijo: «Hijo, si tu echas a perder esta posición, será fácilmente corregida porque estás lidiando con cosas naturales. Pero cuando te ubico en una posición de ministerio, estás sobre la gente y las vidas están en juego.»

## El abandono de la autoridad

El propósito de este capítulo fue dar una comprensión sobre la posición espiritual y la autoridad. Hemos visto ejemplos de varias personas que perdieron o dieron su autoridad al enemigo de Dios. Satanás tratará descaradamente de robar tu autoridad trayendo el pecado a tu vida. Si estás determinado a servir a Dios con todo tu corazón, el diablo también tratará de derribarte de tu posición en Cristo a través de la intimidación.

El primer paso para romper la intimidación es confrontar el asunto en tu propio corazón. En el próximo capítulo describiré cómo hacer esto.

*«La revelación no tiene valor
sin la sabiduría
y el carácter para vivirla»*

## Capítulo 3

# Dos extremos

En solo unos pocos momentos el Espíritu de Dios puede derramar abundancia de luz en tu espíritu. Pero esa revelación no tiene valor sin la sabiduría y el carácter para vivirla.

Cuando el Espíritu Santo me llevó a través de las Escrituras para confrontar la intimidación, me mostró dos extremos que lanzarían a la vida del creyente fuera de balance: El primer extremo es perseguir el poder; el segundo es la falsa humildad. El balance adecuado se encuentra en la vida de Timoteo, quien cultivó un carácter santo en lugar de la falsa humildad y desarrolló sus dones en lugar de perseguir el poder.

## Un corazón puro

Fue en Listra donde el apóstol Pablo se encontró por primera vez con Timoteo, un hombre joven cuya madre era una judía cristiana y su padre un griego.

Pablo quería que Timoteo los acompañara a él y a Silas como asistente de viaje. Sería responsable de atender las necesidades de Pablo (Hechos 19.22).

A medida que el tiempo pasaba la fidelidad de Timoteo como siervo era comprobada. Fue promovido y confiaron en él como ministro del Evangelio, pastoreando finalmente la iglesia en Éfeso. En su segunda carta a Timoteo, Pablo escribe:

> *«Trayendo a la memoria la fe no fingida que hay en ti, la cual habitó primero en tu abuela Loida, y en tu madre Eunice, y estoy seguro que en ti también. Por lo cual te aconsejo que avives el fuego del don de Dios que está en ti...»*
>
> —2 TIMOTEO 1.5-6

Note las referencias de Pablo al hecho de que la fe de Timoteo era genuina. El corazón de este hombre joven era puro. No era un charlatán. En otra carta Pablo encomienda: «Espero en el Señor Jesús enviaros pronto a Timoteo ... pues a ninguno tengo del mismo ánimo, y que tan sinceramente se interese por vosotros. Porque todos buscan lo suyo propio, no lo que es de Cristo Jesús. Pero ya conocéis los méritos de él, que como hijo a padre ha servido conmigo en el evangelio» (Filipenses 2.19-22).

Es claro que el carácter de Timoteo no estaba en cuestión. Como cristianos el carácter debe ser nuestra primera prioridad y búsqueda. Lo que nuestro Padre busca no es poder sino carácter. Es un hecho triste que muchos en la iglesia persiguen el poder y la unción del Espíritu mientras dejan de lado la búsqueda del carácter santo. 1 Corintios 14.1 nos instruye: «Seguid el amor; y procurad los dones espirituales.» Sin embargo hemos pervertido este mandamiento. *Procuramos* los dones y la unción y solamente *deseamos* los dones del amor en nuestras vidas. Dios es amor, y hasta que no caminemos en amor no alcanzaremos su naturaleza.

# Un extremo: procurar el poder en lugar del carácter

Algunos cristianos viajan grandes distancias —cientos de kilómetros— para asistir a un servicio de milagros, profecías o unción, pero no están dispuestos a hacer frente al enojo, la falta de perdón o la amargura en sus corazones. Esto es evidencia de que su énfasis esta en el poder y no en el carácter.

Las manifestaciones espirituales en estos servicios pueden ser de Dios, pero debemos enfrentar también al hombre interior. Esta falta de interés de enfrentar el interior ha llevado a muchos a la decepción. Aunque la iglesia está experimentando un tiempo de refrescamiento, el pecado debe ser tratado. Es hermoso que la gente esté tan hambrienta del poder de Dios, pero no seamos negligentes con la pureza de corazón.

Hemos visto caer a muchos ministros. Pero no cayeron cuando cometieron su primer acto de inmoralidad; no, comenzaron a caer antes: el día en que el éxito en el ministerio se convirtió en algo más importante que su relación íntima con Dios. No solo hemos visto esto entre los ministros, sino también entre sus congregaciones.

Jesús dijo: «Bienaventurados los de limpio corazón, porque ellos verán a Dios» (Mateo 5.8). Él no dijo: «Bienaventurados aquellos que tienen éxito en su ministerio.» ¡Dijo que sin un corazón puro no verán a Dios! Por supuesto, Jesús es el único que puede darnos un corazón puro. No es algo que podamos ganarnos; es sin precio y gratis. (Sin precio porque requiere la muerte del Hijo de Dios, y gratis porque es dado sin costo a todos aquellos que le buscan.)

Yo acostumbraba a orar: «Señor, úsame para ganar a los perdidos, úsame para sanar a las multitudes y liberar a las masas.» Podía orar esto vez tras vez, y este era el alcance de mi búsqueda de Dios. Mi objetivo más grande era ser un ministro exitoso.

Entonces, un día Jesús me mostró que mi énfasis estaba equivocado. Me conmocionó diciéndome: «John, Judas echó fuera demonios, sanó al enfermo y predicó el evangelio. Dejó su empresa para convertirse en mi discípulo, ¿pero dónde está hoy?» ¡Esto me golpeó como una tonelada de ladrillos! Él continuó: «La meta de; supremo llamado del cristianismo no es el poder o el ministerio, sino conocerme a mí» (Ver Filipenses 3.10-15).

Luego, mientras mi esposa oraba para ser usada con esas mismas palabras, el Señor le preguntó: «Lisa, has sido usada alguna vez por una amiga?»

«Si», contestó ella.

«¿Cómo te sentiste?»

Ella contestó: «¡Me sentí traicionada!»

Él continuó: «Lisa, yo no uso a la gente. Yo la unjo, la sano, la transformo y conformo a mi imagen, pero no los uso.»

¿Cómo describirías la relación matrimonial de una mujer cuya única ambición es producir hijos para su esposo? Solo tendría relaciones íntimas cuando pudiera producir el fruto que quería; no tendría ningún interés en conocer a su esposo personalmente.

Se que esto suena absurdo, pero ¿cuan diferente es esto de nuestro clamor a Dios: «Úsanos para que la gente se salve», cuando nosotros mismos no disfrutamos de una relación y compañerismo con Él? Cuando tenemos una relación de intimidad con Dios, nos reproduciremos en la forma que el quiere: «...mas el pueblo que conoce a su Dios se esforzará y actuará» (Daniel 11.32b).

La única ambición de Pablo era conocerlo a Él (Filipenses 3.8-10). Moisés dijo: «...te ruego que me muestres ahora tu camino, para que te conozca...» (Éxodo 33.13). David clamó: «Una cosa he demandado a Jehová, ésta buscaré; que esté yo en la casa de Jehová todos los días de mi vida, para contemplar la hermosura de Jehová, y para inquirir en su templo» (Salmo 27.4). Y nuevamente: «...mi alma tiene sed de ti, mi carne te anhela...» (Salmo 63.1).

Los hombres y mujeres de la Biblia que desearon conocer a Dios más que cualquier otra cosa, permanecieron fieles a Él, terminando el camino que Él había trazado delante de ellos. Aprendieron el secreto de la integridad con poder. Lo buscaron seriamente, tuvieron un vislumbre del mismo corazón de Dios.

Algunas personas miden su madurez espiritual por su habilidad de profetizar o el fluir de los dones. Pero recuerde, los dones son dados, no ganados. Una burra vio y habló en el campo espiritual. Un gallo cantó tres veces y convenció a Pedro. ¿Hace esto que esas bestias sean espirituales?

Jesús dijo lo llamarían Señor y esperaría entrar en su reino, solo para serles negado. Pueden haber hecho milagros, echado fuera demonios y profetizado en su nombre. Pero Él les responderá: «Nunca os conocí; apartaos de mí, hacedores de maldad» (Mateo 7.23).

La unción de Dios no es su aprobación. Saúl profetizaba luego de que Dios lo hubiera rechazado (1 Samuel 19.23-24). Caifás profetizaba mientras su único objetivo era matar al Hijo de Dios (Juan 11.49-51). Debemos tener el corazón de Dios para ser capaces de obedecer su voluntad. Sin eso caminaremos meramente en una sombra de su unción, preocupados por el legalismo o la lujuria. Balaam profetizó y sus profecías se cumplieron; sin embargo tuvo la muerte de un adivino, bajo una espada cuando Israel invadió la tierra prometida.

Pablo midió las virtudes e Timoteo por la pureza de su corazón y la fidelidad de su servicio. Nosotros también debemos poner estas normas delante nuestro y permitir que el Espíritu Santo nos pruebe. Este prerequisito extremadamente importante no puede ser subestimado mientras entramos en batalla con el espíritu de intimidación. Sin este soporte, la verdad en este mensaje no te hará libre, y posiblemente te haga más daño que bien. Por eso no son las palabras en sí mismas las que traen el poder para liberar, sino es el espíritu y la esencia detrás de ellas.

Para explicar esto recordemos lo que Pedro advirtió: «...como también nuestro amado hermano Pablo, según la sabiduría que le ha sido dada, os ha escrito, casi en todas sus epístolas, hablando en ellas de estas cosas; entre la cuales hay algunas difíciles de entender, las cuales los indoctos e inconstantes tuercen, como también las otras Escrituras, para su propia perdición» (2 Pedro 3.15b-16).

Es más importante que procuremos la relación correcta con Dios que una fórmula para movernos en su poder. A la luz de esto, examinemos las declaraciones de Pablo en 2 Timoteo.

Luego de establecer la pureza de corazón de Timoteo, Pablo escribe: «Por lo cual te aconsejo que avives el fuego del don de Dios...» (2 Timoteo 1.6). Las palabras «por lo tanto» significan «por esa razón». Entonces las instrucciones de Pablo a Timoteo concernientes a la liberación de los dones de Dios en la vida de Timoteo serían inválidas si esa fe no fuera genuina. Ahora continuemos.

## El otro extremo: la falsa humildad

> *«Trayendo a la memoria la fe no fingida que hay en ti, la cual habitó primero en tu abuela Loida, y en tu madre Eunice, y estoy seguro que en ti también. Por lo cual te aconsejo que avives el fuego del don de Dios que está en ti por la imposición de mis manos.»*
>
> —2 TIMOTEO 1.5,6

«Por lo cual te aconsejo.» Pablo se estaba refiriendo a su primera carta a Timoteo en la cual lo había exhortado: «No descuides el don que hay en ti, que te fue dado mediante profecía con la imposición de las manos del presbiterio» (1 Timoteo 4.14). Pablo le recalca a Timoteo la importancia de no descuidar el don de Dios escribiéndole acerca de esto por segunda vez y por ponerlo como una de las primeras cosas que menciona en esta carta.

Para ampliar lo que significa no descuidar el don, miremos algunos antónimos. Lo opuesto a descuidar es:

Realizar, lograr, actuar, poner atención, cuidar, completar, concluir, considerar, consumar.

Todas estas palabras son de acción y autoridad. La mayoría de ellas tienen tanto la forma de verbo como de sustantivo. Son positivas y decisivas. Para poder más adelante dividir correctamente la Palabra de Dios, examinemos que significa descuidar:

Desdeñar, desechar, desatender, dejar de lado, ignorar, subestimar, pasar por alto, subvalorar, despreciar, omitir, abandonar.

Estas son todas palabras negativas que involucran una falta de acción, decisión y autoridad. Es algo muy serio y de mucho peso el descuidar lo que se nos ha confiado. Sufrimos pérdidas cuando descuidamos.

El extremo opuesto a simplemente perseguir el poder, es vivir en lo que yo llamo un estado de falsa humildad. La gente que esta viviendo en tal estado reconoce la importancia de buscar el carácter de Dios, pero se detienen allí. Nunca se aventuran en los dones de Dios en sus vidas porque tienen miedo. Evitan cualquier cosa que involucre confrontación, percibiendo esta como una falta de amor o carácter cristiano.

Yo me refiero a esta gente como «pacistas». Al primer vistazo el «pacista» puede parecer interesante, pero Jesús nunca dijo: «Bienaventurados los "pacistas"» Sino que dijo: «Bienaventurados los pacificadores, porque ellos serán llamados hijos de Dios» (Mateo 5.9). El «pacista» evita la confrontación a cualquier costo. Irá tan lejos como sea necesario para preservar un falso sentido de su propia seguridad, lo cual él confunde con paz.

Por otro lado, un pacificador enfrentará con audacia no importa cual sea el costo porque no se preocupa por él mismo. En cambio, esta motivado por su amor a Dios y la verdad. Solo bajo esas condiciones la verdadera paz puede prosperar.

Hay paz en el Reino de Dios (Romanos 14.17). Sin embargo esta paz no viene por la ausencia de confrontación. Tal como Jesús lo señaló: «…el reino de los cielos sufre violencia, y los violentos lo arrebatan» (Mateo 11.12b). Hay una oposición violenta para el avance del Reino de Dios.

Con frecuencia pensamos: «Simplemente voy a ignora esto, y dejar que pase.» Pero necesitamos despertarnos y darnos cuenta que ¡si no lo confrontamos no cambiará! Es por eso que Judas insta a los creyentes con lo siguiente:

> *«Amados, por la gran solicitud que tenía de escribiros acerca de nuestra común salvación, me ha sido necesario escribiros exhortándoos que contendáis ardientemente por la fe que ha sido una vez dada a los santos.»*
> —JUDAS 3

Nota que dice «que contendáis ardientemente», no esperes lo mejor. Contender significa pelear o dar batalla. ¡El cristianismo no es un estilo de vida fácil ¡Hay una constante oposición y resistencia a nuestra búsqueda de Dios tanto en el reino natural como en el espiritual!

Pablo fortalecía a Timoteo con: Tu, pues, sufre penalidades como buen soldado de Jesucristo. Ninguno que milita se enreda en los negocios de la vida…» (2 Timoteo 2.3,4). Nosotros estamos militando en una guerra. Tenemos que tener la actitud de un soldado. No nos vamos a echar atrás, vamos a vencer al mal con el bien por la gracia de Dios (Romanos 12.21).

Las cartas de Pablo eran ordenes de marcha para Timoteo mientras pastoreaba en Éfeso. Timoteo enfrentaba desafíos. Había falsas doctrinas para ser descubiertas, luchas y contiendas para ser detenidas y líderes que levantar para que pudiera desarrollarse una iglesia fuerte y madura. Y estas eran solo unas pocas de las responsabilidades más obvias que debía enfrentar.

Estoy seguro que hubo muchas oportunidades de confrontación. Estoy seguro que tuvo que enfrentar acusaciones y calumnias de parte de aquellos en la iglesia que eran inmaduros o malvados. Además de todo esto, tenía otro obstáculo para vencer —su edad. Era un hombre joven en una iglesia en donde muchos eran mayores que él. Esto solo por sí mismo podía abrir una puerta a la intimidación. Pero ante todo esto, Pablo instruye a Timoteo a permanecer fuerte, no olvidar lo que le había sido impartido. Pablo le recuerda constantemente a Timoteo a que permanezca en la autoridad que Dios le había dado. Tal vez Timoteo se había echado atrás una vez, entonces Pablo lo instruye:

*«Esto manda y enseña.»*

—1 Timoteo 4.11

*«Manda también estas cosas, para que sean irreprensibles.»*

—1 Timoteo 5.7

*«Tú, pues, hijo mío, esfuérzate en la gracia que es en Cristo Jesús.»*

—2 Timoteo 2.1

Tal vez Timoteo era como muchos otros hoy día que aman a Dios pero evitan la confrontación. El temor a la confrontación te convierte en presa fácil de la intimidación.

Si te identificas con este temor, entonces este mensaje es enviado para traerte valor y libertad. Dios te quiere libre para ser y hacer lo que Él pida de ti. Cuando estás intimidado no tienes gozo. Y sin gozo no hay fortaleza. Donde esta el temor no hay paz. Pero mientras te liberas de la intimidación que te ha retenido, ¡encontrarás gozo y paz en abundancia!

## Capítulo 4

# Dones impartidos

Hasta este punto solo hemos tratado con la intimidación y sus efectos en el liderazgo de la iglesia. Pero es muy posible que muchos de ustedes que están leyendo este libro no estén a tiempo completo en el ministerio. Puede ser que estén preguntando: ¿Cómo se aplica esto a mí?

Dios da un lugar, o posición , en el espíritu de cada creyente. Recuerda, Pablo explicó que Dios «juntamente con él nos resucitó, y asimismo nos hizo sentar en los lugares celestiales con Cristo Jesús» (Efesios 2.6). Es allí donde los hijos redimidos de Dios habitan. Su ubicación está «sobre todo principado y autoridad y poder y señorío, y sobre todo nombre que se nombra, no solo en este siglo, sino también en el venidero; y sometió todas las cosas bajo sus pies, y lo dio [el Señor Jesús] por cabeza sobre todas las cosas a la iglesia, la cual es su cuerpo» (Efesios 1.21,23).

La iglesia es el cuerpo de Cristo. Así como nuestros cuerpos físicos tienen muchas partes que difieren en función y habilidad, de la misma forma los miembros del cuerpo de Cristo funcionan con diferentes llamados y dones. Dios determina su propósito y función. Cada uno es importante, y ninguno es independiente de los otros.

Pablo declara que todos los espíritus demoníacos fueron puestos bajo los pies de Jesús. Esto muestra claramente que no hay demonio que pueda ejercer autoridad sobre un creyente. Si tu eres el pié del cuerpo de Cristo, los demonios todavía están bajo tuyo. Jesús dijo: «He aquí os doy potestad…sobre toda fuerza del enemigo, y nada os dañará» (Lucas 10.19). Sin embargo si no nos ejercitamos o caminamos en la autoridad que Dios nos ha dado, ¡alguien la tomará y la usará en nuestra contra! El enemigo está tras nuestra posición en el espíritu.

## Dotados para funcionar

Continuemos en nuestro estudio de la carta de Pablo a Timoteo:

> «Por lo cual te aconsejo que avives el fuego del don de Dios que está en ti por la imposición de mis manos.»
> —2 TIMOTEO 1.6

La palabra griega para don es *carisma*. La concordancia de Strong define la palabra como: «una dote espiritual.» Otra definición, adaptada del diccionario de Vine sería: «Un don o gracia dada a los creyentes por la operación del Espíritu Santo.» Por lo tanto la palabra *carisma* describe aquellas habilidades espirituales con las que Dios equipa a los creyentes. Nada en el campo espiritual se logra sin este *carisma*, o habilidad sobrenatural de Dios. No deberíamos predicar, cantar, profetizar, dirigir o hasta servir sin ella. No hay vida producida sin esta gracia. La religión muerta nace del intento del hombre de servir a Dios a su propia forma, en su propia capacidad. Cuando ministramos a otros sin los dones de Dios, trabajamos en vano.

Note que estos dones ya estaban en Timoteo. Cuando el Señor da sus dones, estos no van y vienen sino que habitan en el individuo. «Porque irrevocables son los dones y el llamamiento de Dios» (Romanos 11.29). Este don, o poder, es el equipo necesario para cumplir el llamado que Dios puso en cada uno de nosotros. Funcionar en esos dones debería ser algo natural y confortable para nosotros. Igual que los roles y funciones de nuestro cuerpo no varían o vienen y van, de la misma forma sucede con los dones que Dios imparte.

Pablo escribió a los creyentes romanos: «Porque deseo veros, para comunicaros algún don espiritual [carisma], a fin de que seáis confirmados» (Romanos 1.11). La iglesia no puede ser establecida sin estos dones, el equipamiento espiritual que capacita a los hijos de Dios para cumplir su voluntad. Leamos cuidadosamente el siguiente versículo:

> *«Cada uno según el don que ha recibido, minístrelo a los otros, como buenos administradores de la multiforme gracia de Dios.»*
>
> —1 PEDRO 4.10

Examinaremos tres puntos en este versículo:

• *Todos reciben un don.*
• *El don no es nuestro; somos simplemente mayordomos de él.*
• *El don es una porción de la múltiple gracia de Dios.*

**Todos reciben un don**
Note que dice: «Cada uno según el don que ha recibido, minístrelo.» Pedro no dijo: «Como uno de los pocos elegidos que ha recibido dones.» No, si has nacido de nuevo y estás lleno del Espíritu, has recibido el don de Dios para funcionar en su cuerpo. No hay partes estropeadas o inútiles en su cuerpo.

Pablo dice en Efesios 4.7: «Pero a cada uno de nosotros fue dada la gracia conforme a la medida del don de Cristo.» Y nuevamente en 1 Corintios 7.7: «Quisiera mas bien que todos los hombres fuesen como yo; pero cada uno tiene su propio don de Dios, uno a la verdad de un modo, y otro de otro.»

Si somos ignorantes a esto, permaneceremos incapaces para el servicio. Por lo tanto nuestro llamado queda sin cumplirse. De la misma forma como los bebés aprenden a usar las partes de su cuerpo, nosotros debemos desarrollarnos y ejercitarnos en los dones para el servicio en su cuerpo. No hay parte en su cuerpo que opere fuera de su habilidad sobrenatural.

**El don no es nuestro;**
**somos simplemente mayordomos de él**
Ya que no somos dueños de ellos, estos dones no pueden ser descuidados o utilizados para provecho personal. No son nuestros para hacer con ellos como nos plazca. Son dados para que podamos servir a otros. Somos responsables por nuestro cuidado de ellos.

Recordemos la parábola de los talentos. El señor entregó «A uno … cinco talentos, y a otro dos, y a otro uno, a cada uno conforme a su capacidad» (Mateo 25.15). Luego salió de viaje. Los dos primeros hombres utilizaron sus talentos sabiamente, produciendo ganancias, mientras que el tercer hombre enterró el suyo.

Cuando el amo regresó, los primeros dos le rindieron cuentas de lo que habían hecho con los talentos que les habían sido confiados. El amo les dijo: «Bien, buen siervo y fiel…»

Luego vino el tercer hombre y le rindió cuentas. En temor había enterrado su talento. Él percibió a su señor como injusto, como uno que esperaba mucho. De esta forma este siervo se sentía justificado en su negligencia, egoísmo y descuido. Esencialmente le dijo a su maestro: «Mira, tienes lo que es tuyo.»

Cuando el maestro vio como este siervo desdeñó lo

que le había sido encomendado a su cuidado, lo llamó malo y negligente. Su talento le fue quitado y entregado al hombre que había duplicado los suyos. Entonces el siervo inútil fue echado (Mateo 25.16-30).

Nosotros daremos cuentas por los dones que se nos han dado, así como todos los mayordomos rinden cuentas a sus señores. Otra palabra usada para don es *habilidad*, la cual es definida como: «capacidad, facultad, genio o poder.» En otras palabras, talento. En esta parábola vemos una vívida ilustración de nutrir y desarrollar el don, habilidad o talento con el que Dios nos ha confiado.

A Pablo se le había confiado el don de la enseñanza y el apostolado. Él dijo: «Del cual yo fui hecho ministro por el don de la gracia de Dios que me ha sido dado según la operación de su poder» (Efesios 3.7). Note la importancia que él le da a ser fiel al don:

> *«Pues si anuncio el evangelio, no tengo por qué gloriarme; porque me es impuesta necesidad; y ¡ay de mí si no anunciare el evangelio! Por lo cual, si lo hago de buena voluntad, recompensa tendré; pero si de mala voluntad, la comisión me ha sido encomendada.»*
> —1 Corintios 9.16,17

Pablo dice «¡ay de mí!» Ahora, *ay* es una palabra muy fuerte. Jesús la usa para advertir el juicio pendiente de ciertos individuos o ciudades. Él dice *ay* de Corazín y Betsaida, ciudades que ya no existen (Mateo 11.21,22). Dice *ay* de los escribas y fariseos (Mateo 23), y de Judas (Mateo 26.24).

*Ay* es usada por Judas para describir el juicio del hombre malo en la iglesia. En el libro de Apocalipsis es utilizada en referencia a los habitantes de la tierra que están bajo el juicio de Dios (Apocalipsis 8.13). Al usar la palabra *ay*, Pablo indica la gran responsabilidad de fidelidad al don de Dios.

Un cristiano puede caer cuando no funciona en su don o llamamiento, de la misma forma en que un músculo se atrofia por la falta de uso. Un creyente perezoso se aísla a sí mismo convirtiéndose en presa fácil del enemigo.

Mientras estudio la vida de los grandes hombres y mujeres de Dios, encuentro que aquellos que cayeron habían llegado a ser perezosos o negligentes en sus llamados. Tal vez todavía estaban ministrando, pero era bajo el impulso de los logros naturales de sus años previos de ministerio. Comenzaron a usar el don de Dios para su propio beneficio, en lugar de hacerlo para proteger y servir a otros.

El rey David cayó en pecado cuando debería haber estado en la batalla.

> *«Aconteció al año siguiente, en el tiempo que salen los reyes a la guerra, que David envió a Joab, y con él a sus siervos y a todo Israel, y destruyeron a los amonitas, y sitiaron a Rabá; pero David se quedó en Jerusalén.»*
> —2 SAMUEL 11.1

David era el rey. Dios lo hizo rey para proteger y pastorear a Israel. Era el tiempo en que debía ir a la batalla, no quedarse en casa en Jerusalén disfrutando las recompensas de las victorias pasadas. Estaba relajándose, andando por los beneficios de sus trabajos pasados. Aburrido, escaneó sus dominios desde el balcón y vio a Betsabé bañándose. El resto es historia.

El punto es, que no estamos aquí para tener vacaciones. Nuestras vidas ni siquiera son nuestras, fueron compradas y devueltas a nosotros para su mayordomía. Somos viajeros, no residentes permanentes. ¡Muchas personas actúan como si esta vida fuera su destino final!

Jesús dijo: «Mi comida es que haga la voluntad del que me envió, y que acabe su obra» (Juan 4.34). Esta también debe ser nuestra dieta. Jesús conocía lo que era necesario para mantener su fortaleza. Nosotros obtenemos la nuestra de la comida, tanto la física como la espiritual.

Si dejamos de hacer su voluntad, usando sus provisiones para nuestro propio beneficio, nos debilitaremos y perderemos fuerza, de la misma forma que si hubiéramos dejado de comer. Con esta pérdida de fortaleza encontramos que es más fácil ir con la corriente de este mundo, no en contra de ella. Nos convertimos en tercos, egocéntricos, inseguros y egoístas.

Tenemos una gran responsabilidad. No podemos ser gente que va a la iglesia, no aplica nada a sus vidas, y se convierten en gordos en el mundo de Dios. Él nos advierte en Ezequiel 34.20: «Por tanto, así les dice Jehová el Señor: He aquí yo, yo juzgaré entre la oveja engordada y la oveja flaca.»

¿Quién son la oveja engordada? Aquellos que se sirven a ellos mismos con las cosas buenas de Dios por la negligencia de otros. Mira como Dios describe a la oveja engordada:

> *«¿Os es poco que comáis los buenos pastos, sino que también holláis con vuestros pies lo que de vuestros pastos queda; y que bebiendo las aguas claras, enturbiáis además con vuestros pies las que quedan?...Por cuanto empujasteis con el costado y con el hombro, y acorneasteis con vuestros cuernos a todas las débiles, hasta que las echasteis y las dispersasteis. Yo salvaré a mis ovejas, y nunca más serán para rapiña; y juzgaré entre oveja y oveja.»*
> —Ezequiel 34.18, 21,22

Los dones de Dios no son para nuestros excesos. Dios nos probará con su bondad. Tenemos que usar la habilidad de Dios en nuestra vida para servir a aquellos que son débiles, jóvenes, o incapaces para que el cuerpo pueda ser uno.

No mal interpretes, es bueno para nosotros disfrutar el fruto de nuestra labor. Dios nos da descanso y refresco. Pero cuando nuestro enfoque gira solo a nuestro alrededor, nos convertimos en gordos y descuidados. Los dones y talentos utilizados solo para nosotros mismos no se multiplican.

Cada parte de tu cuerpo es responsable por las otras partes. Si tus piernas se rehusan a caminar, todo tu cuerpo sufrirá. Si tus pulmones o corazón deciden detenerse, ¡tus otros miembros morirán! Si Satanás puede lograr que nos enfoquemos en nosotros mismos en lugar de servir a otros, entonces todo el cuerpo sufrirá.

## El don es una porción de la múltiple gracia de Dios

La palabra clave es *múltiple* o «muchos pliegues». Pedro divide los dones en dos grandes categorías. Las primera es el don de la palabra, el segundo el de ministrar o servir. «Si alguno habla, hable conforme a las palabras de Dios; si alguno ministra, ministre conforme al poder que Dios da…» (1 Pedro 4.11a). Más adelante Pablo divide estas dos categorías. Mire este pasaje en libro de Romanos:

> *«Porque de la manera que en un cuerpo tenemos muchos miembros, pero no todos los miembros tienen la misma función, así nosotros, siendo muchos, somos un cuerpo en Cristo, y todos miembros los unos de los otros. De manera que, teniendo diferentes dones, según la gracia que nos es dada, si el de profeta, úsese conforme a la medida de la fe; o si de servicio, en servir; o el que enseña, en la enseñanza; el que exhorta, en la exhortación; el que reparte, con liberalidad; el que preside, con solicitud; el que hace misericordia, con alegría.»*
>
> —Romanos 12.4-8

Bajo la categoría de la palabra encontramos la profecía, la enseñanza, exhortación y el de presidir; bajo la categoría del servicio está el ministrar (servir), el repartir y el hacer misericordia.

Déjenme interponer este punto. No debiera estar en

una posición de liderazgo o de oráculo hasta que no haya probado la fidelidad en servir a aquel a quien lo hace. Hay muchos que quieren liderar y predicar quienes no han puesto sus vidas para el servicio. No importa cuan talentosos sean, es un perjuicio para ellos y para los que están bajo su cuidado. Si su carácter no se desarrolla a través del servicio, utilizaran su posición de liderazgo para hacerse señores sobre la gente.

He visto dos extremos resultantes de la falta de entendimiento. El primero trata con aquellos que piensan de si mismos más alto de lo que realmente son. Confundiendo la palabras como el único don, piensan que es el pináculo del ministerio y no creen que hay otra forma de servir a Dios.

Esto es incorrecto. «Además, el cuerpo no es un solo miembro, sino muchos...Si todo el cuerpo fuese ojo, ¿dónde estaría el oído? Si todo fuese oído ¿dónde estaría el olfato?» (1 Corintios 12.14,17). Todos ellos quieren ser una boca. Cada parte es importante. Sin el ministerio de ayudar, el de la predicación es limitado. ¡La gente trata más de moverse en el don que ellos *quieren* en lugar de hacerlo en el que *tienen*!

En el otro extremo están aquellos quienes creen que el ministerio está limitado a los predicadores o al equipo de liderazgo. Esta mentalidad pone en crisis al cuerpo, causando que este funcione al nivel de un inválido.

Pablo lo explica: «Antes bien los miembros del cuerpo que parecen más débiles, son los más necesarios; y a aquellos del cuerpo que nos parecen menos dignos, a éstos vestimos más dignamente; y los que en nosotros son menos decorosos, se tratan con más decoro» (1 Corintios 12.22,23). Esto eleva la importancia de los que pasan desapercibidos. Dios pone a estos como más cruciales que los que son visibles. Puedes vivir sin la voz pero no sin el hígado o el corazón. Sin ellos no se podría caminar o hablar.

El libro de los Hechos muestra la actitud de la iglesia

primitiva hacia los dones. Los creyentes de la iglesia primitiva se daban cuenta que había mucho más para ministrar que para predicar, sanar, liberar y profetizar. Hechos 6 menciona que algunas viudas en la iglesia de Jerusalén eran desatendidas. Necesitaban comida y ayuda junto con otras necesidades diarias.

Cuando esto llegó a la atención del liderazgo, ellos respondieron: «Buscad, pues, hermanos, de entre vosotros a siete varones de buen testimonio, llenos del Espíritu Santo y de sabiduría, a quienes encarguemos de este trabajo» (Hechos 6.3). Ellos encontraron hombres que reunían esas cualidades y los llevaron delante de los apóstoles: «A los cuales presentaron ante los apóstoles, quienes, orando, les impusieron las manos. Y crecía la palabra del Señor, y el número de los discípulos se multiplicaba grandemente en Jerusalén» (Hechos 6.6,7).

¿Qué sucedió cuando impusieron las manos sobre ellos? El don de servicio les fue impartido, y como resultado, la palabra de Dios se propagó y los discípulos se multiplicaron. Estos hombres operaban en los dones que se les había dado. Que hecho asombroso. ¡Hombres sirviendo a las viudas causó que la palabra de Dios se propagara y los discípulos se multiplicaran grandemente!

Creo que una de las grandes razones por la que nuestras iglesias no están creciendo y multiplicándose es porque no toda la gente (congregación y líderes) está moviéndose en sus dones. El libro de los Hechos también nos muestra como un líder operando en los dones puede llevar a la conversión a un número limitado de personas, pero cuanto toda la iglesia se involucra, los resultados son mayores.

Justo después del día de Pentecostés, cuando Pedro predicaba, «...se *añadieron* aquel día como tres mil personas» (Hechos 2.41, énfasis añadido; ver también v. 47). Hasta cuando Pedro caminaba por las calles de Jerusalén bajo la unción de sanidad, «los que creían en el Señor *aumentaban* más, gran número así de hombres como de mujeres» (Hechos 5.14, énfasis añadido).

Pero cuando los creyentes comenzaron a enseñar cada día en cada casa (Hechos 5.42), entonces la iglesia comenzó a multiplicarse (Hechos 6.1). El próximo paso para los creyentes fue servir, lo cual había comenzado con el ministerio a las viudas. Después de este punto la iglesia «se multiplicaba grandemente» (Hechos 6.7).

Actualmente los pastores prácticamente ruegan por voluntarios. Qué triste. No ves a los líderes de la iglesia en el libro de los Hechos pidiendo voluntarios. Ellos tomaban esas posiciones de servicio tan seriamente que buscaban hombres calificados para servir las mesas—calificados en base al carácter, no al talento. Entonces eran nombrados. Qué importancia le daban a algo que actualmente se considera trivial.

## La responsabilidad de ser fiel

¿Qué sucedería si todos los creyentes funcionaran en sus lugares? Qué tremendas cosas veríamos. El avivamiento no es solo para los predicadores sino para el cuerpo entero —cuando cada persona toma su posición.

Recuerda, el don es la habilidad que Dios nos da. No somos responsables por lo que no se nos ha confiado. La pierna no es responsable por la vista. Aun así, la voluntad de Dios solo puede ser realizada por la capacitación del Espíritu. «No que seamos competentes por nosotros mismos para pensar algo como de nosotros mismos, sino que nuestra competencia proviene de Dios» (2 Corintios 3.5).

Es la operación unida de estos dones lo que el enemigo quiere detener. Cuando exitosamente puede impedir severamente nuestro crecimiento. Él sabe que no puede parar a Dios de darnos esos dones, entonces va tras nuestra libertad de ejercitarlos. La intimidación es la forma principal de impedirnos.

# Descubriendo la intimidación

«¿Por qué muchos de nosotros somos ineficaces?»

## Capítulo 5

# Dones dormidos

Hemos establecido que cada creyente mantiene una posición de autoridad que viene con los talentos o dones dados por Dios y está oculta en Cristo Jesús sobre toda autoridad demoníaca. Entonces, ¿por qué muchos de nosotros somos ineficaces? Para responder a esto leamos nuevamente lo que Pablo le recuerda a Timoteo:

> *«Por lo cual te aconsejo que avives el fuego del don de Dios que está en ti por la imposición de mis manos.»*
> —2 Timoteo 1.6

La palabra griega para el término «avivar» es *anazopureo*, la cual significa «encender de nuevo o mantener en llama viva» (Diccionario Vine). Si Pablo tenía que animar a este hombre joven a avivar o encender el don (carisma), ¡entonces este puede llegar a dormirse! El don no trabaja automáticamente. Igual que el fuego ¡debe ser avivado y mantenido!

Están aquellos con corazones puros y honestas intenciones que creen que si Dios quiere que algo suceda, simplemente sucederá. Pero esto es incorrecto. Edumd Burke escribió en 1795: «La única cosa necesaria para el triunfo del mal es que los hombres buenos no hagan nada»[1]

Timoteo era de corazón puro. ¿Recuerdas como Pablo alabó su carácter? «Pues a ninguno tengo del mismo ánimo, y que tan sinceramente se interese por vosotros. Porque todos buscan lo suyo propio, no lo que es de Cristo Jesús. Pero ya conocéis los méritos de él…» (Filipenses 2.20-22a). Aún así es Pablo quien le advierte dos veces que no descuide el don de Dios, causando que este permanezca dormido.

Entonces tenemos dos preguntas que necesitan ser respondidas: ¿Qué causa que un don permanezca dormido? ¿Cómo lo avivamos? Responderé a la segunda pregunta en otro capítulo más adelante, pero miremos a la primera ahora. ¿Qué causa que el don de Dios permanezca dormido?

La respuesta se encuentra en los siguientes versículos:

> «*Por lo cual te aconsejo que avives el fuego del don de Dios que está en ti por la imposición de mis manos. Porque no nos ha dado Dios espíritu de cobardía, sino de poder, de amor y de dominio propio.*»
>
> —2 TIMOTEO 1.6,7

La palabra griega para temor es *deilia*. La palabra implica timidez y cobardía, y nunca es usada en las Escrituras en un buen sentido (diccionario Vine). Miremos nuevamente al versículo 7 pero en la Nueva versión internacional:

> «*Pues Dios no nos ha dado un espíritu de timidez, sino de poder, de amor y de dominio propio.*»
>
> —2 TIMOTEO 1.7 (NVI)

Los traductores de la Nueva versión internacional creen que *timidez* es la palabra más adecuada para este versículo, también yo lo creo así. A la luz de esto Pablo le está diciendo a Timoteo: «Tu don de Dios está dormido a causa de la timidez.» Sin cambiar el significado, yo diría:

*«¡Timoteo, el don de Dios en ti permanece dormido a causa de la intimidación!»*

Los creyentes intimidados pierden su autoridad en el espíritu por abandono; consecuentemente, sus dones —La habilidad de Dios en ellos— permanece dormida e inactiva. Aunque está presente, no esta en funcionamiento.

Cuando aquel anciano en Michigan me dijo que los líderes de la alabanza y adoración pensaban que yo estaba siendo muy duro con ellos, yo fui intimidado. Repentinamente el don De Dios estaba inactivo, y no podía predicar bajo la unción como lo había hecho en los dieciocho servicios previos. La vida de Dios parecía haberse ido. Entró la confusión; perdí mi carácter; no quería enfrentar a la gente. ¿Por qué? Porque estaba intimidado, y por lo tanto había cedido la autoridad que dios me había dado.

## Intimidación definida

Ahora miremos las definiciones de *intimidar* e *intimidación*. El diccionario *Oxford English Dictionary* define *intimidar* como:

- Amilanar.
- Infundir temor.
- Imponer respeto, acobardar.[2]

El diccionario *Merrian-Webster's Collegiate Dictionary* (Décima edición) define *intimidar* como:

*«Desanimar, coaccionar, o suprimir por (o como por) amenaza.»[3]*

El diccionario *Oxford English Dictionary* define *intimidación* como:

- La acción de intimidar o infundir temor.
- El hecho o condición de ser intimidado.
- El uso de amenazas o violencia para forzar o refrenar una acción.[4]

El objetivo de la intimidación es refrenarte de la acción, y coercionarte o forzarte a la sumisión. La intimidación quiere abrumarte con un sentido de inferioridad y temor. Una vez que te has retirado en sumisión, consciente o inconscientemente, eres un siervo del intimidador. Ya no eres libre de cumplir la voluntad de Dios sino que estás perdido por los deseos de tu intimidante captor.

Consecuentemente el don de Dios, su habilidad espiritual en ti, es inoperante. Ahora tu autoridad te ha sido quitada para ser utilizada en contra tuya y de aquellos en tu esfera de influencia.

El origen de la intimidación es el temor, el cual tiene su raíz en nuestro adversario, el maligno. Él es el autor de todo temor y timidez (Génesis 3.1-10, especialmente v.10). Nos atacará en forma de pensamientos, imaginaciones y visiones, o utilizará las circunstancias y aquellos bajo su influencia para intimidarnos. De cualquier forma, él tiene un objetivo: controlarnos y limitarnos.

## ¿Elías intimidado?

Elías el profeta obraba en un tremendo poder. Permaneció valientemente ante un rey malvado quien no tenía temor de Dios, y declaró: «No habrá lluvia ni rocío en estos años, sino por mi palabra» (1 Reyes 17.1). No tenía temor de este rey impío.

Pasó los próximos años viviendo de milagros. Primero fue alimentado por los cuervos, luego fue mantenido por una viuda cuyo alimento y aceite no se terminaban aunque estaban rodeados de hambre y necesidades. El hijo de esta viuda repentinamente falleció, y Dios escuchó la oración de Elías, resucitando al niño de la muerte. Este era un hombre con un ministerio poderoso.

Luego de un largo periodo de tiempo nuevamente se presentó delante del rey. Este lo culpó a Elías por las penalidades y sufrimientos de la sequía y los saludó con «¿Eres tú el que turbas a Israel? (1 Reyes 18.17).

Elías respondió audazmente: «Yo no he turbado a Israel, sino tú y la casa de tu padre, dejando los mandamientos de Jehová, y siguiendo a los baales» (1 Reyes 18.18). Entonces le ordenó al rey que reuniera 850 profetas de Baal y Asera y que los llevara al Monte Carmelo —junto con toda la nación de Israel.

En el día de la confrontación todo Israel se reunió para ver quien era el verdadero Dios. Elías desafió a los profetas de Baal y Asera que ofrecieran sacrificio a sus dioses al mismo tiempo que él ofrecía uno al Señor, «y el Dios que respondiere por medio del fuego, ése sea Dios» (1 Reyes 18.24) declaró Elías.

El Señor Dios respondió con fuego y el pueblo de Israel cayó sobre sus rostros y se volvieron a Dios. Entonces, bajo las ordenes de Elías mataron a los 850 falsos profetas.

Luego Elías anunció que llovería, orando ardientemente y rogando por ella cuando no había ningún signo de lluvia. En minutos el cielo se puso negro, y cayó una fuerte lluvia. Mientras Acab huía hacia su palacio la mano de Dios vino sobre Elías y corrió delante del carro de Acab.

Este fue solo un día en la vida de Elías. La nación dio un giro, los malos fueron muertos, la gran sequía se terminó. Elías podía oír claramente la voz de Dios, actuar en ella y ver grandes milagros.

## Confrontado por la esposa del rey

Pero ese mismo día, la esposa de Acab, Jezabel, escuchó lo que le había sucedido a sus profetas, y le envió un mensaje a Elías: «Así me hagan los dioses, y aún me añadan, si mañana a estas horas yo no he puesto tu persona como la de uno de ellos» (1 Reyes 19.2). Estaba enfurecida con él, por lo que había sucedido con aquellos que eran sus profetas, predicando su mensaje. Ahora mira la respuesta de Elías:

> «*Viendo, pues, el peligro, se levantó y se fue para salvar su vida, y vino a Beerseba, que está en Judá, y dejó allí a su criado. Y él se fue por el desierto un día de camino, y vino y se sentó debajo de un enebro; y deseando morirse, dijo: Basta ya, oh Jehová, quítame la vida, pues no soy yo mejor que mis padres.*»
>
> —1 REYES 19.3,4

El mismo día que ganó una batalla tan grande, corría por su vida. Estaba tan intimidado y desanimado por Jezabel que quería morirse. El propósito de la intimidación de ella era el de evitar que Elías completara el propósito de Dios. Ella quería revertir la influencia que él tenía sobre la nación. Lo quería destruido y fuera del camino. Aunque no lo pudo matar, igualmente logró un objetivo aterrándolo, haciéndolo huir y desear la muerte. Sin quererlo, él estaba cooperando con su plan. Si él hubiera visto claramente nunca hubiera huido.

## Síntomas de la intimidación

El espíritu de la intimidación desata confusión, desánimo y frustración. Su objetivo es provocar que pierdas tu propia perspectiva. Todo parecerá abrumador, difícil o imposible. Cuanto más fuerte es la intimidación mayor es el desánimo y la desesperación. Si no es tratada inmediatamente esta causará que hagas cosas que nunca harías si no estuvieras bajo su influencia. Este es exactamente el objetivo de la intimidación.

Examinando instancias en las que yo he sido atacado por un espíritu de intimidación, puedo decir lo que Elías debe haber sentido. Antes de entender como trabaja la intimidación, me senté en mi hotel, desanimado y desesperado. Me preguntaba ¿Qué de bueno hay en todo esto? A veces tenía esos pensamientos en la mañana luego de un gran servicio.

Recuerdo un momento particular en el que no pude hacer absolutamente nada en todo el día. No pude quitarme la pesadez. Podía orar y parecía que Dios no estaba en ningún lado. Igual que Elías mi enfoque se había tornado sobre mí, mí, mí. Me sentía inefectivo; consideraba como que mi ministerio no tenía valor. Es por eso que Elías dijo: «Basta ya, oh Jehová, quítame la vida, pues no soy yo mejor que mis padres» (1 Reyes 19.4).

Al fin de este día particularmente desanimador, Dios me mostró como Elías había sido intimidado por Jezabel. Finalmente reconocí que mi comportamiento era exactamente lo que espíritu de intimidación, desánimo, quería. Quería regresar a lo que Dios me había enviado a hacer. Hubo gente en aquella iglesia a la que no le gustó el mensaje de arrepentimiento y santidad que Dios me había dado.

Inmediatamente fui tras la raíz de los síntomas con los que había luchado todo el día —un espíritu de intimidación. Me liberé y me sentí libre de la confusión y frustración. ¡Tuvimos una poderosa reunión esa noche! Les explicaré más adelante como confrontar al espíritu de la intimidación. Pero ahora miremos nuevamente a la vida de Elías y como él la reconoció.

## ¿Qué estás haciendo aquí?

Elías fue derribado de su autoridad cuando no confrontó la intimidación que Jezabel estaba dirigiendo. Como resultado, su don de ministrar a la nación fue suprimido, y tomó una dirección que no era el deseo de Dios. Estoy seguro que parecía un hombre diferente mientras *huía* de la confrontación que antes había *enfrentado*. Tomó la dirección opuesta, dejando a su sirviente y corriendo por cuarenta días hacia el Monte Horeb. Lo primero que escuchó de Dios a su llegada fue: «¿Qué haces aquí, Elías?» (1 Reyes 19.9).

¿Puedes imaginártelo? Esta desanimado al punto de la muerte, escapándose durante cuarenta días y en un estado de depresión. Y Dios le pregunta ¿Por qué estás aquí? Lo que Dios le estaba diciendo era: «¿Por qué corriste de tu puesto y te escondiste aquí?»

Puedes estar pensando: Bueno, Dios envió al ángel que le dio las dos tortas cocidas y así Elías podía correr por cuarenta días y cuarenta noches. Por que le preguntaría Dios «¿qué haces aquí?».

Dios sabía que Elías estaba determinado a huir. Cuando un hombre está determinado en su corazón a hacer algo, con frecuencia Dios le permite que lo haga aunque no este en su perfecta voluntad.

Dios hizo lo mismo con Balaam cuando Balac, rey de Moab, le pidió que viniera y maldijera a Israel. El Señor le dijo a Balaam que no fuera, pero Balaam le pregunto nuevamente al Señor por segunda vez, y parecería como que Dios tuvo un cambio en su corazón. Le dijo a Balaam que fuera.

A la mañana siguiente Balaam ensilló su burro para ir, y la Biblia dice: «Y la ira de Dios se encendió porque él iba» (Números 22.22). Un ángel de Jehová se le apareció y lo mató.

Por qué Dios le dijo que fuera y luego se enojó con él cuando lo hizo? Dios le permitió a Balaam que fuera porque Él conocía su corazón. Sabía que Balaam quería el honor y el dinero que Balac estaba ofreciendo más de lo que quería obedecer a Dios. Cuando un hombre se propone en su corazón hacer algo, la voluntad de Dios no lo detendrá, aun si eso no es la perfecta voluntad de Dios.

Este era el caso con Elías. Dios deseaba que regresara y enfrentara a Jezabel como lo había hecho con los profetas de Baal. Eso hubiera completado lo que había comenzado en el Monte Carmelo. Pero Elías no quería enfrentarla. Quería salir de la presión bajo la que estaba. Por lo tanto Dios envió un ángel para que le diera el alimento necesario para su viaje. Dios esperaría y trataría con la intimidación de Elías una vez que este llegara al Monte Horeb.

## El que está detrás de todo

El trabajo que Dios había comenzado en Elías no podía ser completado hasta que Jezabel fuera confrontada.

Ella era la raíz misma del problema de Israel. La Biblia dice: «A la verdad ninguno fue como Acab, que se vendió para hacer lo malo ante los ojos de Jehová; porque Jezabel su mujer lo incitaba» (1 Reyes 21.25). El Señor podría haber estado con Elías si él no hubiese huido, así como había estado con él en el Monte Carmelo. Pero estaba intimidado por Jezabel y fue derribado de su autoridad. El don para finalizar la tarea estaba dormido.

Ahora mira lo que Dios le dice a Elías luego de haberle preguntado dos veces por que estaba allí:

> «Y le dijo Jehová: Vé, vuélvete por tu camino, por el desierto de Damasco; y llegarás y ungirás a Hazael por rey de Siria. A Jehú hijo de Nimsi ungirás por rey sobre Israel; y a Eliseo hijo de Safat, de Abel-mehola, ungirás para que sea profeta en tu lugar. Y el que escapare de la espada de Hazael, Jehú lo matará; y el que escapare de la espada de Jehú, Eliseo lo matará.»
> —1 Reyes 19.15-17

Nota que le dijo a Elías que ungiera a Eliseo como profeta en su *lugar* y que ungiera a Jehú como rey de Israel. Dios tenía otros dos hombres quienes no huirían de Jezabel. Ellos completarían su misión.

El trabajo que Elías había comenzado había sido interrumpido temporalmente mientras escapaba de la intimidación de Jezabel. Recuerda, Jezabel era la influencia motivadora detrás de la maldad que se había infiltrado en Israel. Si la mala influencia de un líder no es confrontada y detenida, entonces es solo cuestión de tiempo antes de que la maldad se infiltre entre aquellos que están a su cargo.

Jesús enseñó este principio: «Ninguno puede entrar en la casa de un hombre fuerte y saquear sus bienes, si antes no le ata, y entonces podrá saquear su casa» (Marcos 3.27). El hombre fuerte es el líder, la casa es el dominio o territorio de influencia, sus bienes los frutos o resultados de su influencia. Ahora aplicando estas interpretaciones leamos nuevamente lo que Jesús dijo:

> *«Nadie puede entrar al territorio de un líder y saquear los resultados de su influencia a no ser que el primero ponga un alto sobre el líder. Y entonces podrá saquear su territorio.»*
> —MARCOS 3.27 (PARÁFRASIS DEL AUTOR)

Puedes decir: Acab era el líder y Elías no le temía. Si y no. Acab llevaba el título de líder pero había cedido su autoridad sobre su esposa. Por lo tanto en el campo espiritual ella era «el hombre fuerte» sobre la idolatría en Israel. Era la instigadora de la adoración a Baal. Fue su influencia la que causó que la nación entera de Israel, con excepción de 7000 fieles a Dios, se apartaran de la adoración al verdadero Dios. Ya que ella no había sido confrontada directamente, su influencia permanecía.

He visto esto vez tras vez. Están aquellos que llevan el

título de pastor o líder, pero todavía están controlados por la manipulación e intimidación de otros—generalmente personas que deberían estar bajo ellos, tales como esposas, asociados, juntas, diáconos, intercesores, etc. Ellos asumen el control detrás de la escena controlando a la persona con el título de líder.

Esto también sucede en los hogares. Padres intimidados por sus hijos; esposos intimidados por sus esposas. No son la cabeza de sus hogares. Es importante para un líder considerar el consejo de aquellos que lo rodean, ya sea en su casa o en el ministerio. Pero es más importante que permanezcan en su autoridad para así poder proteger a su familia o ministerio utilizando el don que Dios les ha dado.

Si continuas leyendo lo relatos de lo que sucedió luego que Elías huyera por su vida, encontrarás que el trabajo que él había comenzado se extinguió. Acab continuó oprimiendo al pueblo con sus maldades. La influencia de Jezabel sobre su esposo —y el reino— creció. La adoración a Baal fue restaurada aunque Elías había confrontado a os profetas de Baal y la nación entera fue testigo del poder de Dios. Cuando huyó de Jezabel, se llevó con él el coraje del pueblo de Israel . Acab murió, y sus dos hijos quienes reinaron después de él continuaron desviando a la nación a una idolatría más profunda (1 Reyes 22.51- 2 Reyes 9).

## Dos hombres que no rindieron su autoridad

Elías huyó de la fuente de toda esta perversión y corrupción. Por este motivo el Señor le mandó ungir dos hombres que enfrentaran a esta mujer maligna. Fue Jehú quien finalmente mató a Jezabel (2 Reyes 9.30-37). Cuando ella trató de controlarlo, él rechazó caer bajo su intimidación. Una vez confrontada y destruida, su esfera de influencia también cayó (2 Reyes 10).

Entonces Jehú y sus hombres mataron a los setenta hijos de Acab. Reunió a todos los adoradores de Baal y los mató a punta de espada. Fue al templo de Baal y quemó todos los artículos sagrados. Sus hombres destruyeron la estatua de Baal y derribaron el templo convirtiéndolo en letrinas. Ahora mira lo que la Biblia dice acerca de Jehú:

> *«Así exterminó Jehú a Baal de Israel»*
> —2 REYES 10.28

Dios le dijo llanamente a Elías: «El que escapare de la espada de Jehú, Eliseo lo matará» (1 Reyes 19.17). Ahora se necesitaban dos de ellos para terminar el trabajo al que originalmente tenía que hacer Eliseo. Cuando Dios le dijo a Elías que ungiera a Eliseo «para que sea profeta en tu lugar» era porque Elías había rendido su lugar de autoridad a causa de la intimidación. Sin embargo, Jehú y Eliseo no cedieron la autoridad que Dios les había dado a ninguno de la casa de Acab, por lo tanto el don de Dios no estaba dormido, y la nación fue liberada de la adoración a Baal.

Cuando somos intimidados, renunciamos a nuestra posición de autoridad. Consecuentemente el don de Dios para servir y proteger permanece dormido. Sin querer acabamos alargando la causa de aquel que nos intimida.

Hay muchos relatos en el Antiguo Testamento de personas echándose atrás cuando deberían haber avanzado. Como Pablo escribió: «Y estas cosas les acontecieron como ejemplo, y están escritas para amonestarnos a nosotros, a quienes han alcanzado los fines de los siglos» (1 Corintios 10.11). Y nuevamente a los Romanos: «Porque las cosas que se escribieron antes, para nuestra enseñanza se escribieron» (Romanos 15.4). Les daré en este libro muchos relatos del Antiguo y Nuevo Testamento, pero no podremos entender completamente las aplicaciones del Nuevo Testamento sin los ejemplos del Antiguo Testamento. En el próximo capítulo veremos como la intimidación impide la obra de Dios, no solo en el líder sino también en la gente que le sirve.

*Una persona intimidada*
*honra más a lo que teme*
*que a Dios*

## Capítulo 6

# Paralizado por la intimidación

La intimidación nos paraliza en el campo espiritual. Nos hace poner en riesgo lo que sabemos que es correcto. Nos lleva a permitir lo que, bajo otras circunstancias, no toleraríamos.

Un ejemplo de esto es la historia de Elí y sus hijos. Antes de que Israel se convirtiera en una monarquía era gobernada por jueces, los que Dios había levantado durante tiempos críticos en la historia de la nación. Según la lista la que figura en la Biblia Comentada de Dake (*Dake's Bible*), Elí fue el juez número quince en Israel. No solo era un juez sino también el séptimo sumo sacerdote. Juzgó a Israel durante cuarenta años. Sus dos hijos, Ofni y Finees, también eran sacerdotes. Ahora miremos la atmósfera espiritual bajo el liderazgo de Elí:

> *«Y la palabra de Jehová escaseaba en aquellos días; no había visión con frecuencia.»*
>
> —1 SAMUEL 3.1

La palabra del Señor a la que aquí se refieren no eran las Escrituras, ya que los israelitas tenían la Torá. Este versículo, en cambio, se refiere a la comprensión inspirada por Dios sobre sus caminos y planes. Solo quedaba una lejana memoria de Dios hablando abiertamente con su pueblo. El Autor del Libro ahora estaba callado. Su voz rara vez se escuchaba.

¿Por qué estaba tan quieto Dios? Encontramos nuestra respuesta en el capítulo 2:

> *«Pero Elí era muy viejo; y oía de todo lo que sus hijos hacían con todo Israel, y cómo dormían con las mujeres que velaban a la puerta del tabernáculo de reunión.»*
> —1 Samuel 2.22

Ofni y Finees, los hijos de Elí, eran malos. No solo fornicaban con las mujeres de Israel sino que también eran tan atrevidos como para hacerlo con las que venían a servir en el Tabernáculo, donde la presencia de Dios habitaba. ¿Dónde estaba su temor de Dios?

Su maldad no estaba limitada al comportamiento sexual. También tomaban por la fuerza la carne cruda que era traída como ofrenda por el pueblo. Esta práctica estaba en contra de la ley, y era robada de los adoradores —y del Señor. Esto llevó a que el pueblo de Israel menospreciara las ofrendas. Ofni y Finees eran piedras de tropiezo para el pueblo de Israel. El comportamiento de ellos hizo que el pueblo se resintiera ante las cosas de Dios.

Elí sabía lo que sus hijos estaban haciendo; sin embargo, no los removió, y sólo los reprendió con un débil llamado de atención: «¿Por qué hacéis cosas semejantes¿ Porque yo oigo de todo este pueblo vuestros malos procederes. No, hijos míos, porque no es buena fama la que yo oigo; pues hacéis pecar al pueblo de Jehová» (1 Samuel 2.23,24). Sus hijos merecían más que esta liviana corrección. Deberían haber sido removidos de sus posiciones como sacerdotes y del Tabernáculo, ya que no tenían actitud de arrepentimiento.

Un profeta de Dios vino a Elí y le dijo: «Por qué habéis hollado mis sacrificios y mis ofrendas, que yo mandé ofrecer en el tabernáculo; y haz honrado a tus hijos más que a mí…? … porque yo honraré a los que me honran, y los que me desprecian serán tenidos en poco» (1 Samuel 2.29,30).

Honrar significa apreciar, estimar o respetar. Cuando Elí se rehusó a confrontar y disciplinar a sus hijos, mostró que los estimaba más que a Dios. Una persona intimidada honra más a lo que le teme de lo que honra a Dios. Dándose cuenta o no, se somete a lo que lo intimida. Si Elí no hubiera estado intimidado, habría actuado en forma diferente con sus hijos.

Más tarde, Dios le habló a Samuel en referencia a Elí: «Y le mostraré que yo juzgaré su casa para siempre, por la iniquidad que él sabe; porque sus hijos han blasfemado a Dios, y él no los ha estorbado» (1 Samuel 3.13).

¡La palabra del Señor era escasa y la maldad reinaba sin discreción, porque el juez y sumo sacerdote tenía temor de sus hijos! Había perdido su lugar de autoridad, y su habilidad para juzgar justamente y ministrar a Israel había desaparecido. El propósito de Dios fue frustrado. Los enemigos de Israel se hicieron más fuertes por todos lados, mientras que la corrupción reinaba. Cuando los líderes abandonaron su autoridad, todos los que estaban bajo su cuidado sufrieron.

## ¿Te suena familiar?

Es desafortunado, pero muchos padres son intimidados por sus propios hijos. Como pastor de jóvenes escuché a familias cristianas desesperadas por ayuda. Vi adolescentes menospreciar a sus padres. Les hablaban a sus padres con poco a ningún respeto. Parecía como que sus padres los irritaban. Pasmado, yo debía corregirlos justo al frente de sus padres, ya que estos estaban avergonzados y tenían miedo de hacerlo. Sus hogares eran caóticos; reinaba la anarquía. Los padres habían cedido su autoridad a sus hijos. El don o poder de Dios en los padres para establecer orden en sus hogares y criar hijos piadosos estaba dormido.

Este problema no se limita a nuestros hogares sino que también es evidente en nuestras iglesias. He estado en cientos de iglesias. Estoy alarmado de ver cuántos líderes son intimidados por su propia gente. La atmósfera en sus iglesias no es diferente a la de Israel bajo el gobierno de Elí: la voz de Dios escasea.

Esos líderes han renunciado a su posición de autoridad, y el poder de Dios está dormido. Los pastores predican en cada servicio, y hay alabanza y adoración, pero muy poca o ninguna evidencia de la presencia de Dios.

Una de dos, o el ministro prepara cuidadosamente su mensaje de manera de no ofender o confrontar a aquellos que están en desobediencia, o grita y delira en frustración, golpeándole a las ovejas para cubrir su intimidación a causa de unos pocos. Pero en todo esto hay muy poco —o nada— de vida espiritual.

Es rara la descripción bíblica de la presencia de Dios. Puede haber un raro rayo de vida aquí o allá, pero la presencia de Dios no habita allí, y su Palabra no es libre de fluir como en una fuente de agua viva.

## La iglesia de vida muerta

En 1990 ministré en una Iglesia del Evangelio Completo. La gente allí pensaba que estaban vivos y moviéndose con Dios. Mientras predicaba un domingo a la mañana sentí como si mis palabras estuvieran siendo arrojadas de nuevo contra mi cara. Era como predicar cara a cara con una pared de ladrillos. La atmósfera estaba cargada de rebelión.

No podía imaginármelo. El pastor y su esposa eran dos de las personas más dulces que jamás había encontrado. Su hijo lideraba la alabanza y la adoración y era precioso. Yo estaba desconcertado, hasta que fui a almorzar con ellos después del servicio.

El pastor me dijo: John, tengo una pregunta para hacerte. Hay una pareja en mi iglesia que se ha divorciado. Los dos continúan viviendo, sentándose en lados opuestos de la iglesia. Entonces el hombre, quien es mi director de ujieres, conoció a una mujer joven de la iglesia y comenzaron a salir. Después de un tiempo esta mujer se fue a vivir con él, y ahora están viviendo juntos. ¿Qué debo hacer?

Yo no podía ni siquiera creer que me estaba preguntando esto. Asombrado, le pregunté: «¿Quiere decir que no lo haz removido de la iglesia?» «No», contestó, pero le he pedido que renuncie a su puesto. Procedí a predicarle al pastor y a su esposa durante una hora. Le dije cómo Pablo trató con los ancianos en la iglesia de Corinto. También allí había un hombre viviendo en inmoralidad. Pablo lo reprendió: «¿No debierais más bien haberos lamentado, para que fuese quitado de en medio de vosotros el que cometió tal acción?» (1 Corintios 5.2). Pablo dijo que el hombre debería haber sido removido de la iglesia, y explicó el por qué: «¿No sabéis que un poco de levadura leuda toda la masa?» (1 Corintios 5.6). La levadura trabaja en la masa y se desparrama el resto, causando que todo el pan tenga la habilidad de levantarse. Pablo compara al pecado flagrante, intencional y fuera de control en nuestras iglesias con la levadura en el pan.

Le advertí a este pastor: «Estás permitiendo que el pecado se desparrame sin control a través de toda tu iglesia. ¡Dios te hará responsable por el efecto sobre las otras ovejas!» Continué: «Un pastor no sólo alimenta a las ovejas sino que también las protege. A ti te gusta alimentarlas, pero tienes miedo de protegerlas porque no te gusta la confrontación. ¡Ambas son importantes! Necesitas confrontar a este hombre en una forma firme y amorosa, y si no se arrepiente inmediatamente, quítalo de la iglesia.» Si no alimentamos a las ovejas ellas estarán hambrientas, pero si no las protegemos, serán devoradas.

Él y su esposa se pusieron blancos. Ella dijo: «No sé si quiero seguir siendo un ministro. Todo lo que quiero es amar a la gente.»

Le contesté: «Si no proteges a esas personas, es amor conveniente, no amor verdadero.»

Ellos admitieron que estaban intimidados por cierta gente en la iglesia. Se abrieron y me contaron otros problemas. En el equipo de alabanza y adoración algunos de los miembros eran irrespetuosos. Les conté cuán frustrado había estado durante el servicio, y que ahora sabía el por qué.

Esa noche, en medio de mi predicación, un hombre interrumpió para dar un mensaje en lenguas. Le pedí que se detuviera, explicándole que Dios no se interrumpe a sí mismo. El hombre lo entendió y paró de hablar, pero mientras esto ocurría, el guitarrista se paró de un salto, gritándome: «No continuaré con ninguna predicación de parte de alguien que no le permita que el espíritu Santo se mueva. ¡Me voy de aquí!» Tomó a su esposa y le gritó al bajista que se fuera con él. El bajista, su esposa y otra persona más salieron como una tromba. La atmósfera estaba cargada de malestar. La congregación estaba desconcertada.

Inmediatamente le pregunté al Espíritu Santo qué hacer. Él dijo: «Enséñales sobre la autoridad.» Mientras yo enseñaba, la paz de Dios vino a la iglesia y el orden fue establecido.

Cuando terminé, el Señor me instruyó: «Dile a ese hombre que detuviste que ahora hable en lenguas y dé la interpretación.»

Un poco dudando, le dije al hombre que había corregido: «Señor, si usted está dispuesto, creo que Dios quiere que dé su mensaje ahora.»

Entonces él dio el mensaje en lenguas, y también su

interpretación.

Comenzó: «Así dice el Señor: He visto la infección de pecado en esta iglesia. Sólo he mostrado a mi siervo una parte de ella. Atiende sus palabras, porque son mis palabras.»

Comencé a llorar por el pecado y la rebelión que permeaba la iglesia. El pastor estaba abrumado. El pecado era rampante porque los líderes estaban intimidados por aquellos que Dios quería que ellos cuidaran.

Me alegré más tarde al saber que el pastor confrontó al hombre y a la joven que estaban viviendo juntos. Ambos se arrepintieron e inmediatamente hicieron planes de separación.

## Un pastor intimidado por su propia junta

Cierta vez estaba ministrando en otra iglesia, donde las reuniones habían comenzado un domingo a la mañana y estaba previsto que continuaran hasta el miércoles a la noche. Estábamos teniendo reuniones maravillosas, con evidencia de arrepentimiento, sanidad y liberación. La iglesia había experimentado cierto éxito en sus finanzas. La asistencia estaba aumentando. Pero el martes por la noche, antes del servicio, el pastor comenzó a llorar.

«¿Cuál es el problema?», pregunté.

«John, no estoy celoso de ti. Simplemente no entiendo por qué yo no veo nunca a Dios moverse. Estoy lleno del Espíritu santo, aun así ninguno de los dones del Espíritu opera en mis servicios. Nadie es sanado o liberado, y simplemente todo parece difícil.»

Ante eso, comencé a hacerle algunas preguntas, hasta que me habló de dos parejas en su junta, quienes habían estado llenas del Espíritu Santo más tiempo que él. A causa de eso, ellos le decían qué hacer y cómo dirigir a la iglesia. Entonces le expliqué: «Estás intimidado por tu propia junta. Necesitas volver a la autoridad que Dios te ha dado, y decirles que el pastor eres tú, no ellos.»

Al día siguiente él habló con ellos. Ambas parejas se molestaron y, finalmente, dejaron la iglesia. Las reuniones se extendieron, y en la última noche un grupo de personas pasaron adelante para oración. Pero el Señor me dijo: «Tú no orarás por estas parejas. Lo hará el pastor.»

Miré al pastor y pude ver el poder de Dios sobre él. «Pastor», dije, «Dios dice que ores por esta gente.»

Él comenzó a caminar en medio de este grupo de personas. Apenas él las tocaba, ellas se caían bajo el poder de Dios. Había algunas personas que lo hacían antes de que él las tocara. El poder de Dios era tan fuerte que ellos eran afectados aun antes de que él llegara hasta ellos.

Una muchacha que estaba poseída por el demonio fue liberada poderosamente. ¡A los pocos minutos todos los del grupo estaban en el piso, siendo ministrados por el Espíritu Santo! El pastor se dio vuelta, me dio una mirada y cayó de espalda al piso. Su esposa tuvo que cerrar el servicio. Media hora después, dos hombres lo levantaron del piso. Esa iglesia nunca volvió a ser la misma.

El poder de Dios en el pastor estaba inactivo a causa de la intimidación. A causa de eso la presencia y el poder de Dios escaseaba en esa congregación. Después de romper el poder de la intimidación, el don de Dios fue liberado.

## La misma historia, en diferente escenario

He sido testigo de que este principio se repite en diferentes iglesias, así como en la vida de los individuos. Estaba ministrando en una iglesia en el extranjero, en la cual podía ver claramente, por la forma en que el pastor y otros líderes actuaban, que estaban luchando con la intimidación. A través de toda la semana prediqué animándolos a permanecer fuertes en el Espíritu y a ejercer denuedo en el supremo llamado de Dios. Cuatro meses después de aquella ocasión, la iglesia se había triplicado en tamaño.

Se mudaron de su edificio de 400 asientos a un auditorio que tenía capacidad para 2000. Más adelante, cuando regresé a ese país, el pastor me dijo que él y su iglesia no habían vuelto a ser los mismos desde que quebraron el poder de la intimidación.

Fui invitado a ministrar por tres días en Atlanta. La última noche prediqué sobre el romper el poder de la intimidación. El pastor fue gloriosamente liberado de la intimidación que le llegaba de parte de su propia gente. Él me dijo: «Debes regresar lo más pronto posible y por una semana.»

Por lo tanto, regresé tres semanas más tarde, teniendo nueve servicios. El poder y la presencia de Dios eran tan fuertes que algunas personas debían ser sacadas después de medianoche. La gente llamaba al pastor en medio de la noche, preguntándole qué debían hacer, porque algunos seguían siendo tocados por la presencia y el poder de Dios. Ellos nunca habían visto a Dios moverse en una forma tan poderosa.

Después de esto, la iglesia tuvo reuniones de avivamiento cada fin de semana durante nueve meses seguidos. El pastor me llamaría luego para contarme cuán poderosos eran los servicios en la iglesia, así como cuán grandes cosas estaban sucediendo en las vidas de los miembros. Dijo que no hubo dos reuniones que fueran iguales. ¡Su iglesia creció de 400 a 700! Me dijo que en varias ocasiones, la noche que prediqué sobre el romper la intimidación fue el punto de cambio en su vida y ministerio.

Estaba en otra iglesia de «fe viva». La alabanza y adoración podían hacerte dormir. El pastor se levantó, hizo los anuncios y «enseñó» sobre la ofrenda. Jamás había estado ante algo tan aburrido. Mientras comíamos después del servicio, todo sobre lo que él podía hablar era fútbol y otras cosas sin importancia. Sin necesidad de decirlo, ¡fue un almuerzo aburrido!

A la noche siguiente Dios me dijo que predicara sobre el romper la intimidación. En el medio del mensaje, este pastor cayó al piso, arrepintiéndose de la debilidad que había tolerado en su vida y ministerio. Supe que Dios estaba haciendo un trabajo en su vida, pero no me di cuenta hasta qué punto.

Al día siguiente me llamó. «John, mi esposa sólo durmió una hora, ¡y yo ni siquiera me fui a la cama!», dijo. «Estuvimos levantados toda la noche, arrepintiéndonos y llorando, luego, riéndonos. Entonces todo empezaba de nuevo: arrepentimiento, llanto y risa.»

Ese día fue a su junta y se arrepintió delante de ellos, disculpándose por no haber sido el líder que Dios lo había llamado a ser. Finalmente, unos pocos en la junta de miembros dejaron la iglesia al darse cuenta de que ya no podrían controlarlo como antes. Pero el resto de la junta se unió a él y apoyó su crecimiento.

La iglesia y ese hombre nunca volverían a ser lo mismo. Ahora, cuatro años más tarde, la alabanza y la adoración están vivas. Han tenido reuniones de avivamiento cada fin de semana durante los últimos dos años. Cuando el pastor me llama, de todo lo que habla es de todo lo que Dios está haciendo y de lo que habla a través suyo, y de los que está sucediendo en la iglesia. He regresado varias veces allí, y cada vez el tiempo es mejor. Él también me ha dicho varias veces que aquel mensaje fue el punto de cambio en su vida y ministerio.

Esta liberación no es solo para los pastores y líderes, sino también para todos los creyentes. Hemos recibido muchos testimonios de individuos, quienes han sido liberados en cada área de la vida al romper con las ataduras de la intimidación.

Una mujer asistió a un servicio en el cual prediqué sobre este tema. Después de eso dijo que sintió que las ataduras del temor y la intimidación salieron de su vida. Unas pocas noches después ella y su hija fueron asaltadas a punta de arma en la entrada de su garaje. Los atacantes tomaron el bolso de la mujer, y tres hombres jóvenes las rodearon rápidamente.

Un gran atrevimiento se levantó en su interior, y comenzó a hablar en lenguas tan fuerte como podía. El hombre que sostenía el arma gritó: «¡Cállate!» Ella no lo hizo. El hombre joven estaba tan confundido que su hija pudo correr hasta la casa y llamar a la policía. El hombre huyó, tomando sólo su bolso.

Al día siguiente un cristiano decidió caminar hasta la casa de su madre, usando un camino diferente al que normalmente usa. Encontró el bolso de esta mujer en medio del bosque, y la llamó. Ambos se regocijaron juntos. Sólo faltaba una pequeña cantidad de dinero en efectivo, pero todos los documentos estaban allí.

Ella le manifestó a mi esposa que creía que aquel mensaje le había dado la valentía para salvar su vida. En el pasado, ella habría sido fácilmente intimidada y abrumada por el temor ante tal confrontación. ¡Estaba muy emocionada por estar libre!

Le doy toda la gloria a Dios por todos estos testimonios. Yo también he estado atado por la intimidación, pero por su gracia ¡ahora soy libre! Esta sabiduría liberadora y poder que hace libre a los cautivos proviene de él.

Hemos identificado el temor y la intimidación, así como su habilidad para estorbarnos y, en la mayoría de los casos, para detener el poder y el don de Dios. Sin embargo, nuestro propósito es ir más allá de meramente identificarlo, llegando a romper su garra mortal.

## Capítulo 7

# El espíritu de intimidación

A fin de trabajar con la intimidación debemos tener en claro en dos temas. Primero, el temor o la intimidación es un espíritu; y segundo, no viene de Dios.

> «*Pues Dios no nos ha dado un espíritu de timidez.*»
> —2 TIMOTEO 1.7, NVI (ÉNFASIS AÑADIDO).

La palabra griega para espíritu, en este pasaje, es *pneuma*, la misma usada para referirse al Espíritu Santo, al del hombre, o al de un demonio, de acuerdo a la Concordancia de Strong. La intimidación no es una actitud o disposición. Es un *espíritu*.

Ya que se trata de un espíritu, no podemos luchar contra ella a nivel intelectual o de la voluntad. Con una actitud mental positiva no venceremos a la intimidación. La resistencia espiritual requiere asistencia espiritual. Debe ser dirigida hacia el campo del espíritu.

Considera esto: ¿por qué podría la gente inteligente y físicamente fuerte luchar contra la intimidación —con frecuencia proviniendo de alguien o algo más débil en cuerpo o mente? Tal vez todo está bien, pero viven en un constante temor de que las circunstancias pueden convertirse en algo malo. Gastan todo su tiempo y energías preocupándose y tratando de resguardarse contra lo que, tal vez, nunca ocurra. Es imposible para ellos disfrutar el presente, ya que están muy preocupados por el futuro. No tiene sentido, no importa cuánto razones con ellos, sus temores persisten. Tienen un espíritu de timidez o temor. No están peleando con una debilidad natural sino con una espiritual.

Ahora, considera al hombre o a la mujer que siempre parece tener dominado el camino. Su nivel o educación no importa. Pueden no tener ninguna posición de autoridad, aun así aquellos que los rodean retroceden y ceden ante ellos. ¿Por qué? Es simple. Controlan a otros a través de un espíritu de intimidación. Han aprendido a usar la intimidación para su beneficio.

Desayuné con un hombre que poseía un negocio muy próspero. Me dijo cómo había manejado su negocio antes de convertirse. Explicó: «Podía obtener cualquier cosa que deseaba para mi negocio, intimidando a la gente. Literalmente, podía sentir ese poder en mí cuando entraba en la alcaldía. Amaba el hecho de que las persona me temieran. Obtenía cualquier cosa que quisiera, aun hasta del concilio de la ciudad.» Él tenía un espíritu de intimidación. Los líderes de la ciudad, aun hasta los que pensaban que tenían una posición de autoridad sobre él, no se atrevían a oponérsele.

## Un espíritu controlador

Elías no tenía temor de la nación de Israel cuando los israelitas estaban bajo la adoración de Baal. ¡Qué tremenda valentía; un hombre contra una nación! Ni siquiera estaba asustado por los 850 falsos profetas. ¡Qué decisión; un profeta frente a casi mil líderes religiosos! Tampoco estaba preocupado por el enojo del rey de Israel. Todo esto era más de lo que la mayoría de la gente podía soportar. ¡Sin embargo, permitió que una mujer lo intimidara, huyendo y deseando morir! Esto no tiene sentido

Los sicólogos podrían decir que él tenía miedo a las mujeres, pero este sería un argumento débil, ya que la nación de Israel comprendía más que meramente hombres. No; esto era un conflicto espiritual de tal magnitud que la nación, el rey y los falsos profetas quedaban pequeños en comparación. Elías enfrentaba en Jezabel a un espíritu de intimidación fuerte y controlador, que el rey y los falsos profetas no tenían.

Busquemos lo que las Escrituras revelan acerca de la naturaleza de este espíritu. Miremos a este intercambio entre Jehú y el hijo de Jezabel, Joram.

> *«Cuando vio Joram a Jehú, dijo: ¿Hay paz, Jehú? Y él respondió: ¿Qué paz, con las fornicaciones de Jezabel tu madre, y sus muchas hechicerías?»*
> —2 Reyes 9.22 (ÉNFASIS AÑADIDO).

No te equivoques con la palabra *hechicería*. No cometas el error de pensar en una mujer con una verruga en su nariz, volando arriba de una escoba, maldiciendo y usando pociones. Una persona ejercita hechicería cuando él o ella buscan controlar. Si; hay una forma de hechicería —o control— que invoca espíritus demoníacos. Sin embargo, la hechicería no se limita a esto. Pablo reprende a la iglesia de Gálatas «¡Oh, gálatas insensatos! ¿Quién os fascinó [hechizó] para no obedecer a la verdad?» (Gálatas 3.1). Este hechizo no provenía de pociones o conjuros. Pablo se refería a los maestros que los habían persuadido para desobedecer lo que Dios les había revelado claramente. Esos maestros no eran sacerdotes de lo oculto, pero tenían espíritus controladores. Y esto había afectado a toda la iglesia.

Jezabel tenía un espíritu controlador y de intimidación tan fuerte que el rey, los líderes y todo el pueblo le habían dado paso. Hasta Elías cedió ante él y huyó por su vida. Cuando permites que el temor entre en tu corazón, hay *algunas* cosa que te expones a perder: paz, confianza, valentía, resistencia, heroísmo, resolución y seguridad. La lista continúa.

He observado cómo la gente trata de manejar ellos mismos los tormentos del temor, a través del pensamiento positivo. No pueden escaparse, porque están luchando con los frutos del temor, no con el origen. Puedes cortar la fruta de un árbol, y durante un tiempo lucirá sin fruto, pero llegado el momento el fruto crecerá nuevamente. El árbol continuará dando frutos hasta que las raíces sean dañadas. Entonces, para romper el poder de la intimidación, debes ir tras la fuerza espiritual que está detrás de ella.

## Espíritu de control e intimidación en la iglesia

En nuestras congregaciones están aquellos cuyos corazones no permanecen delante de Dios. Ellos intimidan al liderazgo para tener lo que quieren. Actúan sumisamente hasta que las cosas no funcionan a su forma. Cuando el liderazgo es débil, son ellos los que dirigen la iglesia.

Mientras viajaba a diferentes iglesias, con frecuencia podía enfrentar la intimidación y no saber por qué estaba peleando, o de dónde venía. La razón: la intimidación es un espíritu que gana expresión a través de cualquier persona que ceda a ella, ¡aun a través de un creyente! La Biblia exhorta a los creyentes a no dar lugar al diablo (Efesios 4.27).

Estoy a punto de compartir unas pocas experiencias. Hago esto bajo el riesgo de ser titulado bajo el mote de «hiperespiritual», o que padezco de «paranoia demoníaca».

Sé que algunas personas buscan al demonio en cualquier problema que enfrentan. Si puedes culpar al diablo, no tienes que aceptar responsabilidad por tus acciones. Tal acercamiento se concentra más en el diablo que en Jesús. La Biblia nos instruye a poner nuestros ojos en Jesús, no en los demonios. Él es el autor y consumador de nuestra fe (Hebreos 12.2).

Según entiendo esto, estamos para vivir enfocados en Jesús, y si un demonio se cruza en nuestro camino y nos distrae, estamos para expulsarlo con la Palabra de Dios y continuar nuestra búsqueda de Jesús. ¡Aleluya! Sin embargo, para romper con la intimidación efectivamente necesitamos saber que es un espíritu, el cual no se irá sólo porque lo ignoramos. Precisamente, ocurrirá lo opuesto.

## Un ataque

Te relataré uno de muchos incidentes que confirma que la intimidación es un espíritu. Estaba predicando en una serie de reuniones, en una iglesia al sur de los Estados Unidos. La primera de ellas fue un domingo a la mañana, y fue poderosa. Por años usé la cinta de esa reunión en una de nuestras series de casetes. Después del servicio nadie decía nada intimidante o negativo. De hecho, la gente a mi alrededor estaba muy positiva. Pero un par de horas después me encontré a mí mismo luchando con el desánimo y la confusión. Presentía que algo estaba mal, pero no sabía de dónde venía. Había reconocido los síntomas, y como tales debería batallar cuando me encontrara contra la fuerte intimidación. Esa noche el Señor me instruyó a predicar sobre la autoridad en la iglesia, y muchos también fueron ministrados.

Después del servicio el pastor me arrastró hasta su oficina. «Usted no sabe cuán en el blanco dio esta noche al predicar», dijo. Y continuó contando cómo una mujer de su iglesia lo había llamado esa tarde diciendo: «Pastor, sé que no está de acuerdo con lo que este hombre está predicando. Es muy duro con la gente. Sé que cancelará las reuniones, puesto que usted no es como él. Por lo tanto, no iré esta noche. Me quedaré en casa y oraré contra ese hombre.»

Ahora sabía exactamente de dónde venía ese desánimo. Le pregunté al pastor si la había corregido. Él es un hombre muy misericordioso, y me dijo que no. Él le había respondido que dejaría todo en las manos del Señor. Si este pastor la hubiera corregido, manteniéndose en su autoridad, estoy seguro que yo hubiera tenido una tarde muy diferente. Lo que no confrontamos, no cambia. ¡Si el diablo es ignorado se torna más fuerte! Ambos aprendimos de ese incidente. El Señor usó esta experiencia para mostrarme cómo permanecer en mi autoridad espiritual y no postrarme ante un espíritu de intimidación.

Gracias a Dios por el Espíritu santo, quien sabía lo que estaba sucediendo y me llevó a confrontar eso desde el púlpito —aun cuando desconocía lo que estaba sucediendo. El pastor lo sabía y abrió sus ojos. Esas reuniones llegaron a ser de las más poderosas de todo ese año. He regresado a esa congregación y con el pastor somos ahora buenos amigos.

## Otro encuentro con un espíritu controlador y de intimidación

Otra vez fui invitado para predicar en un retiro en el extranjero, donde se habían registrado casi mil personas. Se hacían dos reuniones durante el día y una a la noche. Los dos primeros servicios fueron muy fuertes. Prediqué sobre la santidad y el arrepentimiento. Pero en cada servicio podía sentir cierta resistencia en la atmósfera. Luego del segundo servicio pasé toda la tarde en mi habitación, luchando contra la pesadez y el desánimo. Sabía que se trataba de un espíritu controlador y de intimidación, pero, nuevamente, nadie me decía nada en contra. No obstante, para ese tiempo ya había aprendido que no estaba luchando contra carne y sangre sino contra espíritus malignos.

Los creyentes necesitan aprender a vivir en el espíritu. El espíritu de Dios te revelará sobre qué estás en contra. Sin discernimiento, enfocaremos nuestra atención en los defectos secundarios. Si no hubiera reconocido aquello con lo que estaba lidiando, habría comenzado a preguntarme: «¿Por qué estoy peleando contra la depresión?» «¿Debiera haber venido?» «¿Por qué dejé a mi esposa y mis hijos?» «¿Habré perdido mi llamado?» «¿Debiera parar de viajar?» Si hubiera caído en esa línea de pensamiento, no habría llegado a ser un ministro, y eso es exactamente lo que un espíritu de intimidación y controlador quiere. Mi enfoque hubiera estado sobre mí, y no en lo que Dios tenía para esa gente.

Batallé toda la tarde. Cuando me recogieron para el servicio de esa noche, le mencioné a mi intérprete que había estado batallando contra la intimidación toda la tarde. Él respondió: «¡Yo también!» Descubrimos que habíamos estado peleando con los mismos síntomas. Esa noche prediqué sobre el espíritu de intimidación, y muchos fueron liberados.

A la mañana siguiente, mientras me dirigía hacia el púlpito, no había unción. Dios parecía estar callado. Me paré en la plataforma por varios minutos, esperando escuchar la Palabra del Señor. Oré y puse a la gente a orar, pero aun así no había guía, unción o impresión para hacer algo. En lo profundo de mi corazón, sabía que estaba en una batalla. Me di cuenta que el foco total de este ataque era en mi contra. Sabía que debía romper las palabras que habían sido dichas en forma directa hacia mí. La Palabra de Dios dice:

*«Ninguna arma forjada contra ti prosperará, y condenarás toda lengua que se levante contra ti en juicio.*

*Esta es la herencia de los siervos de Jehová, y su salvación de mí vendrá, dijo Jehová.»*
—ISAÍAS 54.17

Comencé a quebrar este ataque de intimidación. Ordené que cada palabra dicha contra mí fuera condenada. No me importó lo que la gente pensara. Había aprendido que lo mejor es escuchar mi corazón, donde el Espíritu habla.

Inmediatamente, la Palabra de Dios vino a mí como una ametralladora. Dios me dijo exactamente lo que debía hacer la gente. El poder de Dios vino en un par de minutos. La gente estaba siendo tan llena con el Espíritu Santo que comenzaron a reírse sin control. Es espíritu de Dios se movió de manera tan fuerte que ni prediqué. Hubo reportes de gente aun en el auditorio a las tres de la tarde. Fue un gran quebrantamiento, y mi corazón se regocijó. Si no hubiera confrontado ese espíritu, aquello no habría sucedido.

Más tarde supe, a través del intérprete, que en las reuniones había un ministro femenino que, luego de que el programa estaba hecho, se acercó al líder del retiro y le dijo: «¿Por qué la gente debe escuchar a John Bevere en todos los servicios del retiro? Necesitamos otros ministros para predicar.» Ella quería ministrar.

Escuché otros reportes inusuales sobre esta mujer. Ella utilizaba prácticas no escriturales para ministrar «liberación», tales como administrar gotas en los ojos y frotar vino en la piel. Nunca había sido confrontada. De hecho, el líder permitió que ella ministrara en una forma limitada, durante el retiro. Es triste de decir, pero con frecuencia los líderes escogen transigir antes que confrontar, puesto que piensan que eso será más fácil de manejar. Pero la transigencia nunca es fácil, y con frecuencia es costosa.

Después de las reuniones hablé con el líder, y le pregunté si los reportes que había escuchado sobre esta mujer eran verdad. Dijo que sí. Compartí mi preocupación de que ella hubiera cuestionado la elección de los predicadores, luego de que Dios ya había determinado su dirección para el retiro. Le dije que parecía como que ella quería controlarlo. (Ella no era ni líder ni miembro de esa iglesia.)

Le pregunté: «¿Por qué le permitiste ministrar en el retiro?» Y el contestó: «John, le dije que no podía usar esas prácticas.» Entonces yo le expliqué: «Puedes impedirle usar esas prácticas no escriturales, pero el espíritu detrás de ella aún permanece allí. La condición de su corazón no es diferente. Como líder quisiste mantener la paz, y, consecuentemente, pusiste una persona con un espíritu controlador y de intimidación en una posición de ministerio y autoridad. Eso le dio al espíritu de intimidación el derecho legal de luchar contra mí, así como contra cualquier otro que no estuviera de acuerdo con lo que él quería.»

Para ayudarlo a ver lo que había estado sucediendo, le compartí un incidente de mi vida. En una noche en particular, cuando aun era un pastor de universitarios y jóvenes profesionales, acabábamos de experimentar un tiempo poderoso de alabanza y adoración. Las lágrimas corrían por los rostros de muchos jóvenes. La paz y la presencia de dios llenaban la habitación. Habíamos estado en adoración por casi cuarenta minutos. En ese momento todo era silencio, con la excepción de aquel suave llanto.

De repente, un hombre joven a que nunca había visto antes, habló en una lengua desconocida. Al hacerlo, una sensación rara y de turbación invadió el lugar. Entonces, la joven mujer sentada al lado de él, a quien tampoco había visto antes en mi vida, salió con una interpretación extraña.

Me tomaron desprevenido; debido a que había estado disfrutando del tiempo de alabanza y adoración en la presencia del Señor, no dije nada.

Cuando ella terminó, la atmósfera era diferente. La presencia del Señor se había ido completamente. Me imaginé que era ya demasiado tarde para decir algo. El daño ya había sido hecho. Por lo tanto, le pedí a todo el mundo que se sentara, di los anuncios semanales y levanté la ofrenda. Luego comencé a predicar.

Mientras predicaba, pensé: «*¿Dónde está la vida? ¿Adónde estoy yendo? ¿Por qué dije eso?*» No había unción para predicar, y sentí como si algo estuviera peleando conmigo. No entendía por qué el don de Dios estaba dormido. Así que le pedí a toda la gente que orara. El Señor habló: «Quiero que confrontes a ese hombre y a esa mujer.»

Pensé: «*Ya han pasado veinte minutos; no puedo hacer eso.*» Así que puse de lado lo que Dios me había dicho y me dije a mí mismo: «*Predicaré un poco más.*» Continuamos orando contra la oposición espiritual.

Varios minutos después, en desesperación, dije en mi interior: «*Señor, ¿qué está pasando?*»

Nuevamente escuché en mi espíritu: «Quiero que los confrontes.»

A esta altura, ya había pasado más tiempo, por lo que pensé: «*¡No hay forma…! La gente pensará que soy muy extraño.*» Oramos diez minutos más, y no había cambios. Desanimado, terminé el servicio.

Esa noche me fui a casa con pesadez en el corazón. Ni siquiera le pregunté a Dios sobre lo que había sucedido. Simplemente me fui a la cama. A la mañana siguiente me levanté sintiendo una pesadez aun mayor en mi espíritu. Me fui a orar.

«Dios, ¿qué pasó ayer a la noche?», le pregunté. Él contestó: «John, te dije que confrontaras al hombre y a la mujer.» Él continuó: «Cuando te pongo en una posición de liderazgo en un servicio [o entre cualquier otra cosa], eres responsable por mantener el orden y la autoridad en ese servicio. Yo no lo haré, porque te lo he confiado a ti.

»Cuando lo puse a adán en el huerto, le dije que lo cuidara. Cuando el diablo vino a destruir, aunque yo conocía la severa consecuencia —no solo para adán sino para toda la raza humana—, no fui y le quité el fruto de sus manos. No quito lo que he dado, y yo le había dado a él esa responsabilidad. El hombre y la mujer que te pedí que confrontaras tenían un espíritu rebelde. Al no confrontarlos, a ese espíritu se le permitió presidir el servicio. Cuando esto sucedió, mi Espíritu se fue, porque dejaste que tu autoridad se fuera.»

Inmediatamente me arrepentí, decidiendo que nunca más permitiría que algo así ocurriera otra vez.

Luego de contar esta historia a este pastor extranjero, él entendió por qué necesitaba confrontar a esta ministro rebelde. Su rostro se encendió a medida que la luz del entendimiento divino entraba a su corazón. Lo animé: «Como pastor de esta gente, no sólo eres llamado a alimentarlos sino también a protegerlos. La protección significará confrontación.»

Le pregunté: «¿Te encuentras en situaciones en que la gente te pide algo, y tú sabes en tu corazón que debes decir "No", pero para mantener la paz dices "Sí"?»

Él respondió: «Sí, John. Yo hago eso.» Entonces pensó un momento y me miró pensativamente. «Eso es hipocresía, ¿no?»

Estuve de acuerdo. «Lo dijiste bien. Y esa hipocresía o transigencia nacen de la intimidación», le dije.

Él se arrepintió por tener un espíritu de timidez, y salió inmediatamente para corregir ciertas cosas con aquellas personas a través de las cuales él había sido intimidado. La próxima vez que lo vi había una gran sonrisa en su cara, mientras exclamaba: «¡Soy libre!»

Debemos darnos cuenta de que estos ejemplos de confrontación incómoda son unas pocas situaciones extremas. He predicado, literalmente, cientos de servicios en los cuales no había resistencia, sino una gran libertad. La libertad es la norma; la resistencia es la excepción. Pero sentí que era necesario presentar algunos ejemplos en gran detalle para tu beneficio.

Aunque estos incidentes tenían que ver con el ministerio, los principios se aplican a cada área de la vida. La intimidación es un espíritu y debe ser tratado de acuerdo a eso. Si tratamos de pelear batallas espirituales con armas carnales estaremos, en el mejor de los casos, frustrados y, peor, heridos y derrotados.

> *«Pues aunque andamos en la carne, no militamos según la carne; porque las armas de nuestra milicia no son carnales; sino poderosas en Dios para la destrucción de fortalezas, derribando argumentos y toda altivez que se levanta contra el conocimiento de Dios, y llevando cautivo todo pensamiento a la obediencia a Cristo.»*
> —2 CORINTIOS 10.3-5

El enemigo de la intimidación ataca nuestras almas. No es vencido a través de la sicología o del pensamiento positivo. Nuestra arma contra la intimidación es la Palabra del Espíritu, ¡permaneciendo firmes en la palabra de Dios. (Ver Efesios 6.17.) Tal como lo veremos en el próximo capítulo, es confrontando la intimidación es como despertarás el don de Dios dentro tuyo.

# Sección 3

## Quebrando la intimidación

## «¿Qué puede hacerme el hombre?»

## Capítulo 8

# Avivar en don

El objetivo de la intimidación es hacernos renunciar a nuestra autoridad, tornando inoperantes nuestros dones. Entonces, estamos reducidos a operar en nuestra propia y limitada fuerza y habilidad. Esto, generalmente, cambia nuestra posición de ofensiva a defensiva. Entonces, conscientes de que somos vulnerables, nos retraemos a lo que es cómodo y seguro.

## Despierta el don

Entonces, si la intimidación hace adormecer al don, ¿qué lo despierta? La respuesta: *la audacia*. La intimidación hace que una persona se retrotraiga, mientras que la audacia empuja hacia adelante, aun frente a la oposición. ¿Cómo puede una persona intimidada obtener audacia?

> «*Porque no nos ha dado Dios espíritu de cobardía, sino de poder, de amor y de dominio propio.*»
> —2 Timoteo 1.7

La audacia proviene de las virtudes de amor, poder y dominio propio. No es una virtud en sí misma. Todos nosotros hemos conocido personas que son atrevidos y audaces. La verdadera audacia viene de Dios y es alimentada por las virtudes santas. La audacia que es alimentada por el carácter de Dios es la que despierta los dones en nuestras vidas.

En algunas personas no hay virtud detrás de su audacia. Ellos saben las frases correctas que decir, y actúan con confianza cuando enfrentan poco o nada de oposición. Pero su fortaleza no llega lejos. Es superficial. Su audacia es una máscara para la arrogancia y la ignorancia. Sus raíces son poco profundas, y finalmente una tormenta medianamente fuerte las dejará expuestas. Cuando el tiempo es bueno no puedes ver cuán profundas son las raíces de un árbol, pero será bajo los vientos de la adversidad cuando probarán su verdadera fortaleza o quedarán expuestas.

## ¿Quién es el fuerte?

David dice: «...Jehová es la fortaleza de mi vida; ¿de quién he de atemorizarme?» (Salmo 25.1b). David declaró que el Señor era la fuente de su fortaleza y poder. Sabiendo que no hay nadie más grande que Dios, pudo declarar sin temor que no le temía a nadie.

No sólo declaró con audacia su confianza sino que también la vivía. Él conocía el poder de Dios porque conocía a Dios. Esta audacia le permitió cumplir su destino y gobernar justamente. Démosle una mirada a sus años jóvenes.

David era el octavo hijo de Isaí, de Belén. Los tres mayores servían en el ejército bajo el rey Saúl. Los filisteos habían reunido a todos sus ejércitos contra Israel. Diariamente, su campeón, Goliat, desafiaba a los soldados israelitas: «...Escoged de entre vosotros un hombre que venga contra mí. Si él pudiera pelear conmigo, y me venciere, nosotros seremos vuestros siervos; si yo pudiere más que él, y lo venciere, vosotros seréis nuestros siervos y nos serviréis» (1 Samuel 17.8,9).

En principio, los israelitas podrían haber considerado esta opción en lugar de la guerra, pero Goliat no era un soldado regular. Según algunos reportes, medía unos tres metros de alto. Para ponerlo en perspectiva, mira a cualquier aro de baloncesto. ¡Su cabeza alcanzaría a 5 centímetros arriba del aro! No solo era grande sino también un guerrero experimentado. Sólo la punta de su lanza pesaba casi siete kilos. Su casco era de bronce, y estaba vestido en una armadura que pesaba poco menos de sesenta kilos.[1] El peso combinado de la armadura, la lanza y el escudo se estimada en más de noventa kilos, probablemente más de lo que David pesaba en aquel momento. No hace falta decirlo: Goliat era muy intimidante. La Biblia dice: «Oyendo Saúl y todo Israel estas palabras del filisteo, se turbaron y tuvieron gran miedo» (1 Samuel 17.11).

Ahora David, quien cuidaba ovejas, fue enviado por su padre para llevar alimento a sus tres hermanos mayores, y ver cómo lo estaban pasando. Después de darle los alimentos al encargado de la logística, corrió a encontrarse con sus hermanos. Pronto, el campeón Goliat salió a mofarse de los israelitas por cuadragésima vez.

David estaba asombrado por lo que veía; no por el tamaño de Goliat sino por la reacción de sus hermanos y el resto de los hombres. «Y todos los varones de Israel que veían a aquel hombre huían de su presencia, y tenían gran temor» (1 Samuel 17.24). David debe haberse preguntado: «¿Se han olvidado estos de quién está de nuestra parte? ¡Él no nos está desafiando a nosotros, sino a Dios mismo!»

Entonces, David, audazmente demandó: «...¿quién es este filisteo incircunciso, para que provoque a los escuadrones del Dios viviente?» (1 Samuel 17.26). El aire estaba denso con la confrontación. Sus hermanos mayores se sentían desnudos mientras David exponía la intimidación de ellos. No querían escuchar a su pequeño hermanito hacer tal declaración. Eso demostraría su debilidad, la cual, hasta ese momento, no debían enfrentar. Habían permanecido callados, por un acuerdo mutuo, basado en el compromiso. Ellos arremetieron contra David, sabiendo que si podían desacreditarlo cubrirían su vergüenza. El hermano mayor, quien estaba intimidado por Goliat, trató de intimidar a su pequeño hermano:

> *«Y oyéndole hablar Eliab su hermano mayor con aquellos hombres, se encendió en ira contra David y dijo: ¿Para qué has descendido acá? ¿y a quién has dejado aquellas pocas ovejas en el desierto? Yo conozco tu soberbia y la malicia de tu corazón, que para ver la batalla has venido.»*
>
> —1 SAMUEL 17.28

Eliab estaba ahora ofuscado; ofuscado con enojo. Atacó el carácter de David en lugar del problema que enfrentaba Israel. Cuando una persona es intimidada, busca un escape, una liberación de presión. Si es débil, pondrá excusas. Si es fuerte, con frecuencia atacará a aquellos que lo han confrontado, lanzando sobre ellos alguna acusación.

Note que Eliab acusó a David de soberbia y malicia. Puesto que Eliab pensaba sólo en sí mismo, asumió que David era igual a él. Pero no era así. Él era un hombre según el corazón de Dios. David no era orgullosos sino humilde delante del Señor.

La gente que tiene personalidad fuerte usará la intimidación para hacer que una mentira parezca la verdad. Debes permanecer en el Espíritu para vencer la fuerza de tales ataques.

Tal vez Eliab estaba celoso. Samuel ungió a David como rey, aunque Eliab era mayor. Él parecía tener las características de un gran líder guerrero. Aun Samuel, después de ver a Eliab pensó: «Seguramente el ungido de Dios está delante mío.» Pero Dios usó esto para enseñarle a Samuel una lección: «...No mires a su parecer, ni a lo grande de su estatura, porque yo lo desecho; porque Jehová no mira lo que mira el hombre; pues el hombre mira lo que está delante de sus ojos, pero Jehová mira el corazón» (1 Samuel 16.7).

Entonces, ¿cuál era el de corazón orgulloso? Dios le reveló a Samuel que no debía elegir a Eliab basándose en su estatura o apariencia, ni rechazarlo por esos mismos factores. Dios juzga el corazón. Cuando Dios encuentra orgullo en un corazón, Él resiste a esa persona (Santiago 4.6). Dios rechazó a Eliab porque era de corazón orgulloso. Por lo tanto, Eliab poseía lo mismo por lo cual acusaba a David: ¡orgullo!

Comúnmente la intimidación te acusará de la misma debilidad que está tratando de esconder. Aquellos que actúan puros en apariencia, pero tienen un corazón impuro siempre atacarán al de corazón puro. Recuerda que el corazón puro de Timoteo fue intimidado. Estoy seguro que había hombres y mujeres en la iglesia de Éfeso cuyos corazones estaban tan corruptos como el de Eliab.

Jesús enfrentó constantemente la intimidación. Los fariseos y escribas impuros trataron de desacreditarlo o prenderlo en sus propias palabras. Si ellos podían intimidarlo, entonces lo controlarían. Por lo tanto, dijeron que Él era un traidor, un glotón, un borrachón y un pecador poseído por el demonio, características que varios de ellos poseían. Al rechazar este intento de ser controlado, Jesús expuso sus corazones.

¿Por qué el impuro busca intimidar al puro? Para aliviarse a ellos mismos de culpa y mantener el control. Si son exitosos, no tienen que examinar sus corazones ni arrepentirse. Eliab sabía que su ataque de descrédito e intimidación podían traer a su hermano David bajo su control, y quitar la presión del mismo.

Las cartas se dieron vuelta; David era el que estaba siendo confrontado. Estaba bajo ataque, y su hermano mayor era mucho más grande que él. Recuerda: los hermanos mayores pueden hacer las cosas difíciles para los menores.

Si David no hacía lo que Eliab quería, podría tener muchos problemas más tarde en su casa. Tal vez sufriría muchos «cobros» en el futuro por mantener la verdad. ¿Valía la pena?

Esa no era la única presión sobre él. Todos estaban del lado de Eliab. Nadie quería que sus temores fueran expuestos por un muchachito. Hubiera sido fácil para David retroceder y no persistir. Eso era exactamente lo que buscaba Eliab, el intimidador, así como los demás.

David eligió el lado de Dios, rompiendo la intimidación se lanzó contra él. Le preguntó a Eliab: «¿Qué he hecho yo ahora? ¿No es esto mero hablar?» (1 Samuel 17.29). Lo que realmente estaba diciendo era: «Lo que dije, ¿no es verdad? ¿Dónde está tu valor? Yo no tengo miedo. Es obvio que ya que todos ustedes han estado asustados durante los últimos cuarenta días que Dios no encontró a alguno que no se sintiera intimidado y pudiera pelear contra este incircunciso. Hay un motivo para que yo esté aquí.»

Entonces fue llevado delante del rey. Saúl, quien también estaba intimidado por Goliat, argumentó con David: «No podrás tú ir contra aquel filisteo, para pelear con él; porque tú eres muchacho, y él un hombre de guerra desde su juventud» (1 Samuel 17.33). aunque esta no era una declaración tan mordaz como la de su hermano mayor, todavía era un comentario menospreciativo hacia este joven hombre, de parte de un rey intimidado.

David le respondió al rey de forma diferente a como lo había hecho con su hermano mayor. Dijo:

*«Tu siervo era pastor de las ovejas de su padre; y cuando venía un león, o un oso, y tomaba algún cordero de la manada, salía yo tras él, y lo hería, y lo libraba de su boca; y si se levantaba contra mí, yo le echaba mano de la quijada, y lo hería y lo mataba. Fuese león, fuese oso, tu siervo lo mataba; y este filisteo incircunciso será como uno de ellos, porque ha provocado al ejército del*

*Dios viviente. Añadió David: Jehová, que me ha librado de las garras del león y de las garras del oso, él también me librará de la mano de este filisteo.»*
—1 Samuel 17.34-37

David no se amilanó y confrontó a sus hermanos, pero al hablar ante el rey sabía que estaba hablándole a alguien con más autoridad que él. Le habló de la forma en que un hijo lo haría con su padre. Él presentó su experiencia y citó al Señor como su libertador, creyendo que el rey lo entendería así.

La responsabilidad de esta decisión descansaba sobre el rey. Si la batalla se perdía, una nación iría a la esclavitud. David sabía que si él debiera pelear, Dios cambiaría el corazón del rey. Es importante que nos comportemos de esta forma con aquellos que están en autoridad sobre nosotros. Después del discurso de David, Saúl estuvo de acuerdo y lo dejó ir a pelear. Le dijo: «Vé, y Jehová esté contigo.»

David rechazó la protección de la armadura de Saúl. Poniéndose a sí mismo bajo la protección del Señor, su verdaderos escudo y coraza, tomó su honda en una mano y su cayado en la otra. Fue al arroyo y tomó cinco piedras suaves. Cuando los filisteos se acercaron, David enfrentó el mayor desafío en lo que a intimidación se refiere. Esta vez, si él estaba intimidado, no sólo provocaría que el don de Dios permaneciera dormido sino que también le costaría la vida y llevaría a su país a la esclavitud.

*«Y cuando el filisteo miró y vio a David, le tuvo en poco; porque era muchacho, y rubio, y de hermoso parecer. Y dijo el filisteo a David: ¿Soy yo perro, para que vengas a mí con palos? Y maldijo a David por sus dioses. Dijo luego el filisteo a David: Ven a mí, y daré tu carne a las aves del cielo y a las bestias del campo.»*
—1 Samuel 17.42-44

Goliat trató de intimidar a David no sólo con su tamaño sino también con sus palabras. Después de maldecirlo, este gigante le pintó un vívido cuadro de sus intenciones. Ante la claridad de su condición inferior, David nunca dudó de la verdadera fuente de su fortaleza y sus armas:

> *«Entonces dijo David al filisteo: Tú vienes a mí con espada y lanza y jabalina; mas yo vengo a ti en el nombre de Jehová de los ejércitos, el Dios de los escuadrones de Israel, a quien tú has provocado. Jehová te entregará hoy en mi mano, y yo te venceré, y te cortaré la cabeza, y daré hoy los cuerpos de los filisteos a las aves del cielo y a las bestias de la tierra; y toda la tierra sabrá que hay Dios en Israel; y sabrá toda esta congregación que Jehová no salva con espada y con lanza; porque de Jehová es la batalla, y él os entregará en nuestras manos.»*
>
> —1 SAMUEL 17.45-47

David, audazmente, declaró la fidelidad de Dios. Los hombres de Israel solo habían visto cuán grande era el gigante, ¡pero David vio cuán grande era Dios! Los hombres de Israel miraron cómo David *corría* hacia el enemigo de Dios; no sólo estaba confiado al hablar sino también al actuar.

> *«Y metiendo David su mano en la bolsa, tomó de allí una piedra, y la tiró con la honda, e hirió al filisteo en la frente; y la piedra quedó clavada en la frente, y cayó sobre su rostro en tierra.»*
>
> —1 SAMUEL 17.49

La audacia de David era contagiosa, y la esperanza de Israel fue restaurada. Dios estaba de su lado, mientras que los filisteos sólo tenían a un campeón muerto. Los israelitas atacaron y persiguieron a los filisteos, venciéndolos.

Tres veces durante este evento David enfrentó la intimidación. Primero, sus hermanos y los otros soldados trataron lo mejor que pudieron para menospreciarlo, desanimarlo y calumniarlo. Si hubiera caído bajo la intimidación de ellos, se habría retirado de perseguir lo que Dios había puesto en su corazón. Habría dado media vuelta y regresado a su casa, y el don de Dios habría permanecido dormido. Los resultados habrían sido muy diferentes: el gigante no habría sido matado por David. Hubiera continuado oprimiendo a la nación, y Dios debería haber encontrado otro hombre para hacer el trabajo.

Segundo, él enfrentó desanimo y declaraciones de menosprecio por parte del rey. Si David se hubiera retraído, el don de Dios habría quedado dormido. Pero él rechazó ser intimidado inclusive por el rey. Él mantuvo su respeto por el líder de su nación, pero fue capaz de persuadir al rey para que le permitiera ir a pelear.

Tercero, enfrentó la intimidación proveniente del gigante filisteo. No solo era abrumador su tamaño al ojo natural, sino que este hombre estaba muy confiado en sí mismo. Él intentó hacer que David se sintiera más insignificante y débil que cualquier animal pequeño. Si hubiera caído bajo esta intimidación, el don de Dios en él habría permanecido dormido, y le habría costado su propia vida.

David estaba tan confiado en el poder de Dios que fue capaz de poner en juego su propia vida. Esta audacia despertó el don de Dios en él, ¡y venció al gigante que había intimidado y oprimido al ejército entero durante cuarenta días!

## El poder del nuevo pacto

En la carta de Pablo a la iglesia de Corinto, él compara la gloria del ministerio de muerte —el viejo pacto— con la gloria del ministerio del Espíritu —el nuevo pacto, 2 Corintios 3.7,8). Él razonó que si el poder del viejo era tan glorioso que los hijos de Israel no podían mirar en forma sostenida a la cara de Moisés, entonces ¡cuánto más poderoso es el ministerio del nuevo y vivificante pacto!

Pablo describe al «nuevo» como «este tesoro en vasos de barro, para que la excelencia del poder sea de Dios, y no de nosotros» (2 Corintios 4.7). Aquí hay otro hombre que conocía a Dios y se daba cuenta de que su fortaleza o poder no eran suyas propias. Pablo continúa:

> *«Porque si lo que perece tuvo gloria, mucho más glorioso será lo que permanece. Así que, teniendo tal esperanza, usamos de mucha franqueza.»*
>
> —2 CORINTIOS 3.11,12

Este poder emana engendra audacia. Puedes encontrar creyentes con valentía, que no confían en sus propias fuerzas. No están intimidados por las circunstancias, personas o el diablo, porque Dios no lo está. Esta es la promesa en Hebreos 13.5,6:

> *«...porque él [el Señor] dijo: No te desampararé, ni te dejaré; de manera que podemos decir confiadamente: El Señor es mi ayudador; no temeré lo que me pueda hacer el hombre.»*

Necesitamos declarar confiadamente: *¿Qué puede hacerme el hombre a mí?*

Esta misma confianza está a disposición de cada creyente. ¿Por qué somos llamados *creyentes* si no creemos? ¿Creer qué? ¡Creerle a Dios! Ningún hombre o demonio tiene el derecho de intimidar a un verdadero creyente. ¿Por qué? Por Jesús. Ningún nombre es más alto; ningún poder es mayor. En sus palabras, «He aquí os doy potestad ... sobre toda fuerza del enemigo [sus posesiones], y nada os dañará» (Lucas 10.19).

¿Nos queda claro? Él le ha dado a su pueblo el poder para vencer *todo* lo que el enemigo posee. La intimidación es un enemigo. Él te miente y dice: «Tengo más autoridad que tú. ¡Mejor que regreses y hagas lo que digo! De otra forma, pagarás las consecuencias.»

Si escuchamos esas mentiras intimidantes, el don de Dios se dormirá y viviremos en un estado de opresión. Pero cuando conocemos Aquel quien nos ha prometido ser fiel, podemos descansar en el poder que es sobre todos los poderes y, como David, enfrentar nuestra intimidación gigante con gran valentía.

## ¿Es tu fe tan complicada que no puedes creer?

Estas verdades no son difíciles de entender. De hecho, son simples. El verdadero Evangelio no es complicado. La gente se queda rezagada a causa de la incredulidad.

Pregúntate a ti mismo y contesta con honestidad: ¿Está descansando tu confianza en lo que Dios dijo, o en lo que ves y experimentas? Si mides todo por lo que ha sucedido en tu pasado, nunca irás más allá de él.

¿Basas tu creencia en función de lo que ves ocurrir en otros? ¿Es tu nivel de confianza medido por la fidelidad de otros?

Si respondes «sí» a estas preguntas, probemos un poco más profundo. ¿Has complicado las cosas tratando de explicar tus fallas —o las de otros? Las fe complicada no mata gigantes. Nos mantiene presos en el «país de las maravillas», donde tratamos de convencernos sobre qué no podemos cambiar y dudamos de hacer cualquier movimiento.

¿Por qué los creyentes no podemos, sencillamente, creer? ¿Por qué permitimos que nuestras inseguridades compliquen el Evangelio?

Compartiré contigo algo que nunca olvidaré. El año era 1980, y yo era un estudiante viviendo en Carolina del Norte. Me desperté a las cuatro de la mañana, y pasé del sonido del sueño al sonido de mi propia voz, gritando: «¡Tan sólo estoy buscando por alguien que crea!»

Eso me sacudió. La cama estaba empapada con sudor. Sabía que Dios me había hablado en una forma inusual y sobrenatural.

En ese momento pensé: «*¡Qué pregunta obvia! ¿Por qué Dios no me dio algo más profundo? ¡Por supuesto que sé que Él necesita que la gente crea!*»

A la mañana siguiente las palabras daban vueltas en mi cabeza. Vez tras vez escuchaba el murmullo: «¡Tan sólo estoy buscando por alguien que crea! ¡Tan sólo estoy buscando por alguien que crea!» Mientras escuchaba nuevamente, me di cuenta de que Él no me estaba mostrando algo trivial, ¡sino la misma llave para caminar con Dios!

Estudié detenidamente los evangelios, notando que Jesús estaba apenado y frustrado por la incredulidad de la gente. Cuando sus discípulos no pudieron sacar fuera el demonio de un hombre joven, Jesús los reprendió agudamente por eso.

> «*Respondiendo Jesús dijo: ¡Oh generación incrédula y perversa! ¿Hasta cuándo he de estar con vosotros? ¿Hasta cuándo os he de soportar? Traédmelo acá.*»
> —MATEO 17.17

¡Qué cosa para decirle a sus propios discípulos! ¡Jesús no era un timorato, como tantos líderes actuales! Les puso en claro que el don de Dios permanecería dormido en ellos si no podían creer. Él quería hacerles saber que estaba molesto a causa de ellos.

También noté lo que agrada a Jesús: ¡Quienes creen sin cuestionar! Un soldado romano, un gentil, tuvo más cuidado de su fe que cualquier otro en Israel. Este romano le dijo a Jesús que ni siquiera necesitaba ir hasta su casa, que si sólo decía las palabras necesarias, su siervo sería sanado. «Al oírlo Jesús, se maravilló, y dijo a los que le seguían: De cierto os digo, que ni aun en Israel he hallado tanta fe» (Mateo 8.10).

Nosotros queremos que Jesús venga a nuestros hogares, pero cuando llegue lo cuestionaremos. Hemos hecho de la fe algo muy difícil. Entonces, ¿qué es la fe? Creer que Dios hará lo que dijo que hará.

Jesús dijo que nos dio el poder y la autoridad sobre todos los poderes del enemigo. Todo lo que necesitamos es creerle y caminar en ese poder y esa autoridad. No necesitamos complicar nuestro caminar con temores, dudas o recuerdos de nuestras fallas pasadas. Si lo hacemos, estaremos robando nuestra audacia, y nos convertimos en incapaces de caminar en la habilidad de Dios. El don de Dios en nosotros permanecerá dormido.

Antes de llevar confiadamente nuestro bote en las aguas tormentosas de la vida, debemos conocer los motivos de nuestro corazón, de otra forma nos hundiremos. En el próximo capítulo te mostraré la diferencia entre una motivación que te ayudará a permanecer y otra que te hará hundir.

*«Es fácil confiar
mientras Él hace
lo que esperamos»*

**Capítulo 9**

# La raíz de la intimidación

aminar libre de la intimidación no tiene nada que ver con ser extrovertido. Algunas de las personas más extrovertidas han batallado con la intimidación. De hecho, a veces su exuberancia es nada más una fachada por la timidez con que pelean en su interior. El cerrarse no es el único síntoma de ser intimidado. Para muchas personas, cuanto más tensionadas están, más hablan.

Ser capaz de ser intimidado no tiene nada que ver con cuán ungido estás. He conocido a hombres que, siendo poderosos en sus ministerios, aún así batallaban con la intimidación. Cuando la unción descansa en ellos no tienen temor; sus debilidades están al amparo en la unción de Dios. Entonces, cuando el manto de la unción se levanta, sólo permanece un hombre que batalla contra la inseguridad y el temor. En una situación de uno a uno, su timidez era patente. ¿Cómo puedo saber que esto es verdad? Yo era uno de ellos.

Puedes ser extrovertido, fuerte, audaz —y hasta ungido— y aun pelear con la intimidación. Cuando la opresión llega a ser lo suficientemente fuerte, es claro aquello de lo cual estás hecho. Poseer un espíritu de timidez no tiene nada que ver con una deficiencia de personalidad, fortaleza física o unción. Entonces, ¿qué hace que la gente sea vulnerable a la intimidación?

## Apariencia versus verdad

En respuesta, observa a Simón Pedro. Él era extrovertido, nunca tímido para expresar su opinión. Era audaz. Por toda su apariencia, Pedro era de voluntad fuerte y sin temores. Parecía que nada podía intimidar a Pedro, pero algo lo hizo. Su temor a la muerte causó que negara a Jesús tres veces. Por lo tanto, la habilidad de caminar libre de la intimidación no es una característica de una personalidad fuerte, o Simón hubiera sido el último en negar a Jesús, así como el más equipado para permanecer fiel.

Algunos tienen la tendencia de juzgar a Simón Pedro como alguien de meras palabras; ellos dicen que cuando venía el tiempo de la acción, él era un «gallina». En respuesta a esto, pregunto: ¿Cuántas gallinas se atreverían a permanecer firmes ante una muchedumbre completamente armada, con guardias, y hacer un ataque ofensivo? ¡Pedro lo hizo, valientemente! Juan 18.3,10 registra:

> «Judas, pues, tomando una compañía de soldados, y alguaciles de los principales sacerdotes y de los fariseos, fue allí con linternas y antorchas, y con armas ... entonces Simón Pedro, que tenía una espada, la desenvainó, e hirió al siervo del sumo sacerdote, y le cortó la oreja derecha.»

Esto no me suena como «un gallina». Entonces, ¿por qué Simón Pedro podía desafiar a los soldados sólo para luego ser cobarde ante una criada? ¡Sí, es correcto. Fue una muchacha sirviente la que lo intimidó! «Pedro estaba sentado fuera del patio; y se le acercó una criada, diciendo: Tú

110

también estabas con Jesús el galileo. Mas él negó delante de todos, diciendo: No sé lo que dices» (Mateo 26.69,70).

¿Por qué el cambio?

## Una fachada de valentía

Para responderlo, vayamos para atrás, más temprano en esa misma noche. Todos los discípulos estaban juntos celebrando la Pascua. Jesús les advirtió: «Todos vosotros os escandalizaréis de mí esta noche» (Mateo 26.31). Pero Pedro hizo de sí mismo una excepción, y valientemente declaró: «Aunque todos se escandalicen de ti, yo nunca me escandalizaré» (Mateo 26.33). ¡Qué valiente desplegue de coraje! Parecía como si Jesús su hubiera equivocado al incluir a Pedro en esa declaración.

Pero Jesús miró directamente al alma de Pedro y lo corrigió: «De cierto te digo que esta noche, antes que el gallo cante, me negarás tres veces» (v. 34). ¡Qué pinchadura a la confianza de Pedro! Jesús le dijo que no sólo se escandalizaría sino que, además, lo negaría tres veces.

Un hombre débil en personalidad o voluntad se habría retraído a este punto. ¿Estuvo alguna vez equivocado el Maestro? Pero Pedro prosiguió defendiendo su posición: «aunque me sea necesario morir contigo, no te negaré» (v. 35). De hecho, esta valiente declaración inspiró a los otros a estar de acuerdo con él: «Y todos los discípulos dijeron lo mismo» (v.35).

## Las motivaciones pueden ser diferentes en apariencia

En la superficie pareciera con que esos hombres tenían un gran valor y motivaciones muy puras. En una inspección más cercana encontramos algo más que el amor de Dios motivándolos.

111

Antes de que Jesús les advirtiera, compartió con ellos: «Mas he aquí, la mano del que me entrega está conmigo en la mesa» (Lucas 22.21). ¡Qué horrible, qué terrible el pensar que uno de ellos podía traicionar a Jesús! Uno que había vivido y caminado con Él todo este tiempo, uno que había sido cuidado por Él ahora levantaría contra Él su mano: contra el Mesías.

Aunque Jesús sabía —y lo había sabido desde el principio— quién era y qué haría, esta era la primera vez que sus discípulos oían de esto. ¿Puedes imaginarte el temor y las sospechas que tuvieron lugar en esa habitación después de este anuncio?

«Entonces ellos comenzaron a discutir entre sí, quién de ellos sería el que había de hacer esto» (Lucas 22.23). Ellos estaban confusos e incrédulos de que uno del grupo pudiera ser capaz de tal impensable acto de maldad. Entonces, ¿cuáles eran las motivaciones para esa investigación? Seguramente debían estar preocupados por Jesús. Pero, ¿era eso? Sus conversaciones los delata. Mire al siguiente versículo:

«*Hubo también entre ellos una disputa sobre quién de ellos sería el mayor.*»
—LUCAS 22.24

Como podemos ver claramente, la razón de ellos para la indagación eran el egoísmo y el orgullo. Jesús les había dicho que estaba a punto de ser entregado a los sumos sacerdotes para ser condenado a muerte, y los discípulos comenzaron una disputa por el poder y la posición. ¡Qué egoístas!

Podemos adivinar quién lideró la disputa. Más que claro, era Simón Pedro actuando consistentemente con sus anteriores manifestaciones de liderazgo y con su personalidad dominante.

Tal vez él fue rápido en recordarle a los demás cómo él

había sido el único lo suficientemente valiente para caminar sobre el agua (Mateo 14.28-31). O tal vez les refrescó la memoria de que él había sido quien se dio cuenta de quién era verdaderamente Jesús (Mateo 16.15,16), coronando todo esto con una mención de su experiencia en el monte de la Transfiguración, con Jesús, Moisés y Elías (Mateo 17.1-8). Él estaba, posiblemente, muy confiado de haber demostrado ser el mayor de los doce. Pero, ¿estaba esta confianza arraigada en el amor? Estoy seguro que en ese momento Pedro pensó que lo era. No obstante, aparecería de otra forma más tarde. Su confianza estaba anclada en el orgullo y el egoísmo. Teniendo esto en mente, continuemos.

## Prensa de aceite

«Entonces llegó Jesús con ellos a un lugar que se llama Getsemaní, y dijo a sus discípulos: Sentaos aquí, entre tanto que voy allí y oro» (Mateo 26.36).

La palabra *getsemaní* significa literalmente «prensa de aceite».[1] Una prensa de aceite extrae aceite de la aceituna. Este fruto no cede fácilmente el aceite. Sólo cuando una gran presión es aplicada saldrá el aceite de su interior. Getsemaní es el lugar de tal presión —no en las aceitunas sino en los corazones. Bajo una presión intensa, lo que está en nuestro interior saldrá, con frecuencia sorprendiéndonos. En otras palabras, las motivaciones de tu corazón son probados y expuestos cuando las pruebas (presiones) viene.

Mientras Jesús iba a Getsemaní con Pedro, Santiago y Juan, las Escrituras dicen: «comenzó a entristecerse y a angustiarse en gran manera» (Mateo 26.37). El alma de Jesús estaba entristecida en sobremanera, porque se encontraba en la prensa de aceite. Estaba peleando su mayor batalla; la tentación de cumplir la voluntad del Padre de otra forma y, por lo tanto, salvarse a sí mismo.

Algunas personas no creen que Jesús no fuera capaz de pecar. Debemos recordar que Jesús «fue tentado en todo según nuestra semejanza, pero sin pecado» (Hebreos 4.15). Ser tentado significa algo con lo que se necesita luchar. Jesús no era automáticamente inmune a las luchas; simplemente siempre triunfaba sobre ellas. ¿Por qué? Porque Él no hacía su propia voluntad. Si para Él hubiera sido imposible pecar, entonces habría sido imposible ser tentado. Esto no disminuye su gloria sino, más allá de eso, nos muestra cuán digno era por no pecar. ¡Aleluya!

Este fue el pedido de Jesús en el jardín: «Padre mío, si es posible, pase de mí esta copa; pero no sea como yo quiera, sino como tú» (Mateo 26.39).

Es la primera vez que vemos la voluntad del Padre y la del Hijo en conflicto en la vida de Jesús. Antes de llegar al jardín, estaban tan entremezclados que sólo veíamos la voluntad del Padre manifestada a través de la vida del Hijo. Pero la abrumadora presión de esta batalla sacudió su alma. Expuso la única cosa que lo hubiera hecho retroceder: elegir cumplir la voluntad del Padre de otra forma, y así salvarse a sí mismo. Jesús le había dicho a los fariseos que su vida le pertenecía como para ponerla por sí mismo (Juan 10.17,18). Dios no lo forzó a hacer esto. Es por eso que luchó sólo.

Sabía que esta lucha estaba delante suyo mucho antes de arrodillarse en el jardín. Lo había compartido con sus discípulos tres veces antes de llegar a Jerusalén. Les había dicho que era la voluntad del Padre que Él sufriera, muriera y resucitara de la muerte.

Unos pocos días antes les confió a los discípulos: «Ahora está turbada mi alma; ¿y qué diré? ¿Padre, sálvame de esta hora? Mas para esto he llegado a esta hora. Padre, glorifica tu nombre» (Juan 12.27,28).

Jesús estaba deseoso de poner su propia vida a los pies de la muerte, a fin de que el nombre del Padre pudiera ser glorificado. Acababa de compartir estos principios con sus discípulos: «El que ama su vida, la perderá; y el que aborrece su vida en este mundo, para vida eterna la guardará» (Juan 12.25).

Esta escritura tiene respuesta para dos preguntas: por qué Pedro no pudo cumplir sus votos, y por qué Jesús sí. Jesús amó a su padre más que a su propia vida, por eso pudo poner su propia vida. Pedro pensó que amaba a Jesús más que a su propia vida, pero la prensa de aceite de Getsemaní expuso sus motivos.

En el jardín no fue suficiente que Jesús conociera la voluntad del Padre. Debía llegar a cumplirla. Esto era tan difícil que le preguntó a su Padre si había otro camino. Dentro de la oración, estuvo batallando fervientemente la tentación de la autopreservación, y resistió hasta el punto de sudar sangre (Lucas 22.44). El poder de Jesús de resistir la tentación estaba enraizado en lo que Él amaba y en lo que no amaba. Él se entregó a sí mismo por amor del Padre (Juan 14.31). Este amor pudo conquistar lo que ningún hombre había conquistado antes: ¡el amor del yo! El aceite brotó probando su amor por el Padre, no solo en palabras sino también en sacrificio y obediencia.

Ahora miremos cómo la «prensa» de la presión afectó a Pedro y a los otros discípulos.

## Espíritu voluntarioso, carne débil

Después de que Jesús hubiera batallado con su voluntad por una hora, se levantó y fue a donde estaban sus discípulos, sólo para encontrarlos «durmiendo a causa de la tristeza» (Lucas 22.45). Ya no debatían a causa de quién era el más grande. Estaban cargados de tristeza y dolor. Jesús no era el único bajo presión. Sus discípulos también estaban en la «prensa de aceite».

Estos hombres estaban enfrentando la tentación de salvarse a ellos mismos, no obstante no tenían la fuerza para sobreponerse porque estaban enfocados en sus propias voluntades, no en la del Padre. A diferencia de Jesús, no tenían deseos de concentrarse en la voluntad de Dios. Si consideramos nuestras vidas como preciadas, no pelearemos por no ser capaces de darlas.

Piensa en esto: mientras Jesús batallaba por perder su vida, los discípulos evitaban la pelea durmiendo. Jesús le habló específicamente a Pedro: «¿Así que no habéis podido velar conmigo una hora? Velad y orad, para que no entréis en tentación; el espíritu a la verdad está dispuesto, pero la carne es débil» (Mateo 26.40,41).

Ahí estaba Pedro, este hombre de valientes promesas, durmiendo en lugar de orar. Todavía no había aprendido a extraer la fuerza que no era de la suya propia, así que protegió lo que él pensaba que era su fuerza, durmiendo.

Nuestros espíritus, o corazones, pueden estar deseosos, pero nuestra carne siempre buscará protegerse a sí misma. Consecuentemente, si nuestra carne no está crucificada, le daremos lo que ella quiere. Pedro quería ser fiel a Jesús pero no podía porque su carne lo dominaba. Él amaba su propia vida más que el deseo de la voluntad de Dios. No reconoció la verdadera condición de su corazón. Realmente, él sintió lo que dijo, creyendo de verdad que podría sacrificar su vida por Jesús. Sin embargo, de «la prensa» salió lo que había estado escondido en la última cena: egoísmo y orgullo.

## Dos diferentes salidas

Después de que Jesús encontrara a sus discípulos durmiendo, fue a orar por segunda vez. Al regresar, los encontró durmiendo otra vez, porque «los ojos de ellos estaban cargados de sueño» (Mateo 26.43). Aun después de que Jesús les advirtiera, no pudieron sobreponerse. «así que los dejó y se retiró a orar por tercera vez, diciendo lo mismo. Volvió de nuevo a los discípulos y les dijo: "¿Siguen durmiendo y descansando? Miren, se acerca la hora"» (Mateo 26.44,45, NVI).

Jesús oró durante tres horas, hasta que supo que su batalla fue ganada. Su voluntad era completamente una con la del Padre. Ahora estaba listo para enfrentar la intimidación del enemigo en manos de los líderes judíos y de los soldados romanos.

La capacidad de Jesús para permanecer firme aun en el calor de la persecución asombró al gobernador romano. «Y siendo acusado por los principales sacerdotes y por los ancianos, nada respondió. Pilato entonces le dijo: ¿No oyes cuántas cosas testifican contra ti? Pero Jesús no le respondió ni una palabra; de tal manera que el gobernador se maravillaba mucho» (Mateo 27.12-14).

La audacia no es cuán fuerte o cuánto podamos hablar. También se encuentra en el silencio; el silencio mientras las falsas acusaciones son arrojadas sobre nuestra cara. Jesús permaneció en su autoridad al no reaccionar. Sabía que ellos no tenían poder sobre Él. Al reaccionar les hubiera indicado que sí lo tenían. Ellos intentaron controlar a Jesús con sus acusaciones, amenazas y puestos poderosos. Responderles hubiera sido tonto, porque a ellos no les importaba la verdad. Jesús sabía que no podían tomar su vida, puesto que Él ya se la había entregado al Padre.

Mientras que Jesucristo enfrentaba a sus acusadores, Pedro se calentaba a sí mismo en el fuego, justo afuera de allí. Intimidado por una simple criada de esos líderes, Pedro negó que alguna vez hubiera conocido a Jesús (Mateo 26.69-75). Aunque Pedro había dicho que moriría antes de negar a Jesús, terminó siendo intimidado y haciendo exactamente lo que había dicho que no haría. La motivación: él amaba su propia vida.

Sus palabras a Jesús mostraron un gran amor por Él, pero sus acciones hablaron más fuerte. Este amor por él mismo era la raíz de su timidez. Estaba bien escondida detrás de las fuertes declaraciones y acciones que había dicho y hecho antes, pero la prensa de aceite reveló su espíritu tímido.

La raíz del temor y la intimidación es el amor al yo. El perfecto amor echa afuera el temor, y nos da audacia. La audacia nace del amor que quiebra o rompe la atadura de la intimidación. El amor imperfecto o el amor al yo abre las puertas a la intimidación.

> *«En esto se ha perfeccionado el amor en nosotros, para que tengamos confianza en el día del juicio[2] ... en el amor no hay temor, sino que el perfecto amor echa fuera el temor; porque el temor lleva en sí castigo. De donde el que no teme, no ha sido perfeccionado en el amor.»*
>
> —1 JUAN 4.17,18

El temor y la intimidación de magnifican mientras nos enfocamos en nosotros mismos. La tormenta clama: «¿Qué de mí? ¿Qué me sucederá?»

Jesús dijo: «Nadie tiene mayor amor que este, que uno ponga su vida...» (Juan 15.13). Cuando pongamos verdaderamente nuestras vidas por amor a Jesús, no nos importará más lo que nos suceda porque sabemos que estamos encomendados bajo su cuidado. Entonces, estamos muertos y escondidos en Él. No necesitamos preocuparnos porque nuestras vidas ya no son más nuestras sino suyas. Él nos compró; por lo tanto, cualquier cosa que nos suceda es sencillamente su asunto. Nosotros solamente amamos y obedecemos.

El temor no nos atormentará más, porque un muerto no puede ser atormentado. Puedes apuntar con un arma a un muerto en un ataúd y amenazarlo, pero él ni siquiera pestañeará.

## ¿Y qué de todos los demás?

¿Y qué acerca del resto de los discípulos? Ellos estaban reunidos con Pedro, profesando que morirían antes de negar a Jesús. ¿Cómo pasaron ellos la prueba de la prensa de aceite? Se escaparon aun antes que Pedro lo hiciera. La Biblia reporta que cuando ellos vieron a los soldados llevarse a Jesús, «entonces todos los discípulos, dejándole, huyeron» (Mateo 26.56).

Ellos estaban preocupados por ellos mismos. Ellos también habían dormido en lugar de orar. En la última comida con Él, habían peleado por quién era el más grande entre ellos. Era como si no hubieran escuchado o no pudieran escuchar. Lo único que podían oír era: «¿qué me sucederá a mí?» Su amor del yo fue revelado en la prensa de aceite.

Sus motivaciones no eran diferentes a las de Pedro. Este se hallaba en una posición más difícil porque había seguido a los soldados hasta donde habían llevado a Jesús.

## No toda audacia es motivada por el amor

Todavía puedes estar preguntándote qué fue lo que dio a Pedro el valor para permanecer, espada en mano, ante aquel pequeño ejército. Creo que obtuvo su audacia de la aprobación de los demás. Él prosperaba impresionando a otros. Piensa en esto. Acababa de llevarse a cabo un debate sobre quién era el mayor. (No era la primera vez que este tema surgía. Los discípulos estaban en constante competencia.) Esto estaba fresco en la mente de Pedro, y ahora se le daba la oportunidad de probar su gran fidelidad.

Pero mientras estaba sentado ante el fuego con los sirvientes del sumo sacerdote, sin los pares a su alrededor, su verdadera inseguridad salió a la superficie. El temor, normalmente escondido tras su personalidad extrovertida, fue expuesto.

Ciertos incidentes previos también revelaron la valentía vacilante de Pedro. Uno de ellos fue cuando caminó sobre el mar. Mientras todos los demás miraban, él gritó: «Señor, si eres tú, manda que yo vaya a ti sobre las aguas»

(Mateo 14.28). Pedro salió del bote y caminó sobre el mar. Tal vez su valentía fue alimentada al impresionar a los otros. Sin embargo, solo y en medio de un tumultuoso mar, gritó para que Jesús lo salvara. Mientras caminaba a través de las olas, se dio cuenta que ninguno de sus competidores estaba a su lado. Bajo presión llamó a Jesús para que lo salvara.

Es muy probable que Pedro pensara que Jesús lo salvaría de este incidente en el jardín de la misma forma en que lo había hecho en otras ocasiones. Y estaba en lo correcto. Pero lo que ni él ni sus compañeros esperaban era ver a Jesús arrestado. Aunque el Señor les había dicho repetidamente que esto sucedería, ellos aún creían que Él establecería su reino en la tierra ahora (Hechos 1.6; Mateo 16.21).

Es fácil confiar mientras Dios hace lo que esperamos. Pero cuando nos sorprende, podemos vacilar. Algo sucede en nuestros ministerios que nos toma por sorpresa y perdemos nuestra valentía. Con frecuencia no estamos preparados para sufrir aflicciones, persecuciones y pruebas. Igual que los niños, estamos cómodos con la rutina y con nuestras propias formas. Cuando no tenemos lo que deseamos, cuando lo queremos y en la forma esperada, nuestros corazones son probados. Si somos golpeados por las pruebas, nuestros corazones son examinados. Podemos parecer confiados cuando Dios nos da exactamente lo que queremos, o cuando la vida es predecible, pero cuando las cosas son diferentes, nuestras motivaciones son reveladas. Jesús describe esta condición:

> *«Estos son asimismo los que fueron sembrados en pedregales: los que cuando han oído la palabra, al momento la reciben con gozo, pero no tienen raíz en sí, sino que son de corta duración, porque cuando viene la tribulación por causa de la palabra, luego tropiezan.»*
> —MARCOS 4.16,17

Nota que la razón por la cual ellos no permanecen es que no tienen raíces. ¿Cómo desarrollamos raíces que nos mantengan firmes? ¿En qué debemos estar enraizados? Efesios 3.17 dice que debemos estar plantados y enraizados en nuestro amor por Cristo. El verdadero amor no busca lo suyo propio. Las personas cuyo amor no tiene raíces, permanecen tanto como fácil les sea. No han sido crucificados con Cristo, sino que han venido a Jesús por lo que pueden obtener, ¡y no por lo que Él es!

Aquellos que aman de verdad no buscan nada sino a su Amado y lo que a Él le agrada. El amor no guarda expectativas. En lugar de eso, da. Esta motivación permanece inalterable cuando las cosas son diferentes de lo esperado. El amor no llegará a ser desanimado (falta de valentía), por lo que no será intimidado.

La valentía necesaria para romper el poder de la intimidación debe ser alimentada por nuestro amor a Dios. «Porque no nos ha dado Dios espíritu de cobardía [intimidación], sino de poder, de amor y de dominio propio» (2 Timoteo 1.7). El poder es una de las partes para romper la intimidación, pero no es suficiente en sí mismo. Como ya he dicho, he visto hombres ungidos colapsar bajo la intimidación durante tiempos de presión.

El tener dominio propio tampoco es suficiente. Le fue revelado a Pedro por el Espíritu Santo que Jesús era el Mesías (Mateo 16.13-18). Pero recién cuando Pedro fue lleno del amor de Dios, pudo dar su vida. Veremos esto en el próximo capítulo.

*«La única forma de conquistar*
*la intimidación es perdiendo tu vida».*

## Capítulo 10

# El desearlo no es suficiente

Las buenas intenciones no son suficientes. Pedro quiso mostrar que él podía ser leal aunque esto significara la muerte. Pero la fuerza de su deseo no era suficiente para mantenerlo. El temor en su corazón venció su amor por el Maestro. Jesús se refirió a esto después de su resurrección.

Juan capítulo 21 nos dice que Jesús se le apareció a sus discípulos y les preparó pan y pescado para el desayuno. Entonces a Pedro tres veces: «¿Me amas?» Las primeras dos veces Jesús usó la palabra *agapao*, cuyo énfasis es acción involucrada con el amor. Pero Pedro respondió cada vez con la palabra griega *fileo*. Esta palabra está limitada a los afectos o sentimientos del amor, independientes de la acción.

Pedro estaba lamentándose cuando Jesús le preguntó por tercera vez. Esta tercer vez, Jesús usó la palabra *fileo*. Así redujo el amor a nivel de afección, más que de acción. Frustrado, Pedro contestó: «Señor, tú lo sabes todo; tú sabes que te amo» (Juan 21.17), queriendo decir: «tú sabes que tengo afecto por ti.»

Jesús comenzó preguntándole, en esencia, «¿me amas lo suficiente como para dar tu vida?» esto ilustra el amor descripto por la palabra *agapao*. Pedro contestó con veracidad y humildad que su amor era emocional, afectivo. Recuerda, él acababa de negar a Jesús. Él reconoció su propia debilidad. Su amor afectivo no era lo suficientemente fuerte para que él diera su vida.

Finalmente, Jesús le preguntó a Pedro: «¿Me amas afectivamente?» La razón: Jesús sabía que Pedro era ahora un hombre quebrado, quien todavía no era capaz del amor *agapao*.

Jesús, queriendo explicarle a Pedro lo que había querido decir las dos primeras veces, dijo: «De cierto, de cierto te digo: cuando eras más joven, te ceñías, e ibas a donde querías; mas cuando ya seas viejo, extenderás tus manos, y te ceñirá otro, y te llevará adonde no quieras. Esto dijo, dando a entender con qué muerte había de glorificar a Dios. Y dicho esto, añadió: Sígueme» (Juan 21.18,19).

Creo que lo que Jesús le estaba diciendo a Pedro era: «Fallaste antes en las fuerzas de un amor afectivo, pero está llegando el día cuando enfrentarás tu mayor temor y serás victorioso en las fuerzas del perfecto amor.» Hasta este punto, Pedro había amado con lo mejor de la habilidad humana, pero esto le había fallado. Esta vez, mientras Pedro seguía a Jesús, sería equipado con *agapao*. Esta clase de amor no nace del deseo del hombre por él sino que es derramado en nuestros corazones por el Padre (Romanos 5.5). El amor de Dios (*ágape* o *agapao*) no tiene temor de morir por otros.

Jesús animó a Pedro, diciéndole que cuando él enfrente «la prensa» nuevamente, podrá salir victorioso. Será capaz de cumplir lo que previamente había jurado presumidamente: él moriría antes de negar a Jesús. Liberado de las garras del temor y la intimidación, Pedro sería un hombre cambiado.

Dios hace esto para nuestro beneficio. Él nos fortalecerá

cuando estemos intimidados. Nos permitirá enfrentar repetidamente a lo que le tememos hasta que seamos victoriosos. Cuando lleguemos al fin de nuestras fuerzas, clamaremos por la suya. En sus fuerzas no podemos fallar, porque el amor nunca falla (1 Corintios 13.8). Dios no nos quiere huyendo de nuestras áreas de debilidad. Él quiere que las enfrentemos con intrepidez.

## ¡Por favor, quita eso!

Pablo conocía esto muy bien. «Y para que la grandeza de las revelaciones no me exaltase desmedidamente, me fue dado un aguijón en mi carne, un mensajero de Satanás que me abofetee, para que no me enaltezca sobremanera» (2corintios 12.7).

La palabra para *mensajero*, en griego, se refiere a un ser angelical (ver la Concordancia de Strong). Creo que este versículo se refiere a un ángel maligno que Satanás envió para abofetear a Pablo. Este ser creaba problemas para Pablo en cualquier lado que fuera. Segunda Corintios 11.24-27 registra algunos de los problemas que Pablo encontró:

> «*De los judíos, cinco veces he recibido cuarenta azotes menos uno. Tres veces he sido azotado con varas; una vez apedreado; tres veces he padecido naufragio; una noche y un día he estado como náufrago en alta mar; en caminos muchas veces; en peligros de ríos, peligros de ladrones, peligros de los de mi nación, peligros de los gentiles, peligros en la ciudad, peligros en el desierto, peligros en el mar, peligros entre falsos hermanos; en trabajo y fatiga; en muchos desvelos, en hambre y sed, en muchos ayunos, en frío y en desnudez.*»

En cualquier lado en que predicaba huía en intensa persecución a causa del evangelio. Cadenas y tribulaciones lo esperaban en cada ciudad. Él había sido azotado, golpeado con varas, apedreado, había naufragado, le habían robado y más. Entonces fue a Dios con esto.

*«...respecto a lo cual tres veces he rogado al Señor, que lo quite de mí.»*

—2 CORINTIOS 12.8

Comprensivamente, él quería ser libre de estas resistencias y persecuciones. Dios le respondió:

*«Bástate mi gracia; porque mi poder se perfecciona en la debilidad.»*

—2 CORINTIOS 12.9A

El Señor estaba diciendo, en esencia: «Pablo, no me pidas que quite estas cosas, en lugar de eso pídeme que mi gracia y mi fortaleza te eleven más allá de lo que no puedes soportar. Pablo, donde no hay obstáculos, no hay necesidad de poder. Una victoria sólo puede ocurrir donde hay una batalla. Cuanto más grande sea la batalla, mayor será la victoria. Un verdadero soldado no huye del conflicto sino que corre hacia él.»

En el calor de la batalla no es el momento para pedirle a Dios que nos saque de la guerra. Es el momento de orar por su gracia para que podamos triunfar en ella. Dios es glorificado cuando enfrentamos algo imposible de vencer en nuestra fuerza humana. Es entonces que esa fuerza descansa sobre nosotros para que todos la vean. La gracia de Dios conquista cada temor y obstáculo que enfrentamos. Anímate a ti mismo con unas pocas exhortaciones de Dios:

*«Mas a Dios gracias, el cual nos lleva siempre en triunfo en Cristo Jesús.»*

—2 CORINTIOS 2.14

*«Mas gracias sean dadas a Dios, que nos da la victoria por medio de nuestro Señor Jesucristo.»*

—1 CORINTIOS 15.57

«*¿Quién nos separará del amor de Cristo? ¿Tribulación, o angustia, o persecución, o hambre, o desnudez, o peligro, o espada? Como está escrito: Por causa de ti somos muertos todo el tiempo; somos contados como ovejas de matadero. Antes, en todas estas cosas somos más que vencedores por medio de aquel que nos amó.*»
—ROMANOS 8.35-37

Un conquistador enfrenta la oposición y la vence, levantándose victorioso en medio de las batallas. Pablo se aferró de esto y su ansiedad fue cambiada en esperanza. Él escribió:

«*Por lo tanto, gustosamente haré más bien alarde de mis debilidades, para que permanezca sobre mí el poder de Cristo. Por eso me regocijo en debilidades, insultos, privaciones, persecuciones y dificultades que sufro por Cristo; porque cuando soy débil, entonces soy fuerte.*»
—2 CORINTIOS 12.9B,10 (NVI)

Nota que dice «gustosamente». ¿Con cuánta frecuencia vemos gente deleitándose en los reproches, necesidades, persecuciones y aflicción? Sólo una persona que está escondida en Cristo (Gálatas 2.20) puede tener placer en tales cosas. Este es alguien que vive para exaltar a Cristo. Pablo sabía que podía confiar en que la gracia de Dios lo sustentaría hasta que Cristo fuera magnificado.

Pablo amó a Jesús más que a su propia vida. Estaba preparado para morir —y más deseoso de vivir— por Él. Mira detenidamente a su Carta a los Filipenses:

«*...conforme mi anhelo y esperanza de que en nada seré avergonzado; antes bien con toda confianza, como siempre, ahora también será magnificado Cristo en mi cuerpo, o por vida o por muerte.*»
—FILIPENSES 1.20

127

A él no le importaba si glorificaba a Dios tanto en la vida como en la muerte; sólo deseaba que fuera glorificado. Él no se refería a la muerte a manos de las enfermedades y dolores. Jesús cargó eso por nosotros en la cruz. Las enfermedades y los dolores no le traerían gloria. Si creemos que glorificamos a Jesús por morir a causa de una enfermedad es tan erróneo como creer que Jesús es glorificamos por morir en las ataduras del pecado. Él cargó ambos en la cruz (Isaías 53.4,5). El Salmo 103.2,3 dice: «Bendice, alma mía, a Jehová, y no olvides ninguno de sus beneficios. El es quien perdona todas tus iniquidades, el que sana todas tus dolencias.» Como podemos ver, Pablo no está hablando de enfermedades o dolores. Nuestra actitud debiera ser: «Señor, de cualquier forma serás glorificado; hazlo a tu forma, pero que el diablo no consiga lo que quiere.»

El amor desinteresado de Pablo produjo una valentía que ninguna intimidación podía penetrar. (Mira nuevamente Filipenses 1.20.) Sabiendo que enfrentaría persecución y amenazas en cada ciudad, él siguió adelante. No le temía a ningún hombre. Pablo compartió con los ancianos de Éfeso:

> *«Ahora, he aquí, ligado yo en espíritu, voy a Jerusalén, sin saber lo que allá me ha de acontecer; salvo que el Espíritu Santo por todas las ciudades me da testimonio diciendo que me esperan prisiones y tribulaciones.»*
> —HECHOS 20.22,23

¡Waw! ¡Qué palabra profética! Pienso cuántos hoy día correrían de un lado a otro por una palabra así. No, ellos no querrían escuchar esta clase de palabra. A todos nos gusta escuchar buenas cosas, pero Dios también nos advierte de las pruebas para proveernos esperanza y valentía. Pablo fortalecía a los nuevos creyentes diciéndoles: «Es necesario que a través de muchas tribulaciones entremos en el reino de Dios» (Hechos 14.22).

Me pregunto cómo responderíamos una palabra profética de que las persecuciones y la oposición nos esperan en cada puerto. Por supuesto, no estoy diciendo que cada vez que tenemos una palabra genuina de parte de Dios debe ser de esta naturaleza.

El problema es que muchas de las palabras que son dadas alientan hacia las cosas incorrectas en los individuos que las buscan. Son lindas y confortables sobre cómo la gente prosperará en sus negocios o ministerios, y que todo estará bien para ellos. Con frecuencia la gente termina buscando y sirviendo a Dios por lo que Él puede hacer por ellos. Su amor aún no está interesado en magnificarlo a Él, ya sea en la vida o en la muerte. Observa la respuesta de Pablo a las palabras proféticas sobre las cadenas y tribulaciones:

> *«Pero de ninguna cosa hago caso, ni estimo preciosa mi vida para mí mismo, con tal que acabe mi carrera con gozo, y el ministerio que recibí del Señor Jesús, para dar testimonio del evangelio de la gracia de Dios.»*
> —Hechos 20.24

La llave de la valentía paulina era que él no consideraba como valiosa a su propia vida. También entendió que el plan de Dios para su vida incluía el enfrentar pruebas y persecuciones. Su amor por Jesús era mayor que su amor por la vida misma. La vida de Pablo apunta a los secretos de terminar la carrera. Deja tu vida y toma la de Cristo. Con frecuencia esto significará dejar lo confortable y tomar lo que es incómodo: la cruz.

## ¿Estás seguro que este evangelio es americano?

Sé que esto no suena como nuestro cristianismo moderno occidental. Es muy diferente de lo que hemos vivido y predicado en los ochentas y noventas. Seré el primero en reconocer que he quedado corto. Me he encontrado con situaciones de «la prensa de aceite» durante los últimos diez años, sólo para tener mi corazón expuesto. Tal como Pedro, me he lamentado cuando vi mis promesas vacías y la verdadera condición de mi corazón. He clamado al Señor en numerosas ocasiones, pidiéndole que cambie mi corazón. He *aprendido* a ser agradecido por la fortaleza en las pruebas (1 Pedro 1.6,7). He llegado a tener un claro entendimiento de la siguiente escritura:

> *«Puesto que Cristo ha padecido por nosotros en la carne, vosotros también armaos del mismo pensamiento; pues quien ha padecido en la carne, terminó con el pecado, para no vivir el tiempo que resta en la carne, conforme a las concupiscencias de los hombres, sino conforme a la voluntad de Dios.»*
>
> —1 PEDRO 4.1,2

Somos madurados en medio del sufrimiento. No hablo del concepto religioso de sufrimiento (aceptando las enfermedades y la pobreza como si ellas ganaran tu crédito con Dios). Tampoco me estoy refiriendo al sufrimiento a causa de la ignorancia o del comportamiento impío o rebelde. ¡Dios no saca ninguna gloria de eso! Los sufrimientos que encontremos serán aquellos que Cristo experimentó; la tentación en todos los puntos, aun sin pecado (Hebreos 4.15). El sufrimiento que Pedro describe es la resistencia que una persona enfrenta cuando su propia carne o aquellos que lo rodean lo presionan a ir en una dirección mientras que la voluntad de Dios lo dirige a ir en otra. En este punto, la intimidación puede ganar ventaja si no estamos arraigados en nuestro amor por Jesús.

Como Pedro, yo quiero seguir a Jesús a ese lugar donde no *diré* meramente «perderé mi vida física por Él», sino donde aceptaré la muerte de mi propia vida y mis deseos.

¡Dejemos que sólo Él sea glorificado! Esto se logra a través de su gracia. Él nos da la gracia de ser humildes (Santiago 4.6). Es por esto que Pablo dice en la cara de la persecución, que se gozaba en ella. Mira a lo que el apóstol Juan dijo de aquellos que vencen a Satanás:

> *«Y ellos le han vencido por medio de la sangre del cordero y de la palabra del testimonio de ellos, y menospreciaron sus vidas hasta la muerte.»*
>
> —APOCALIPSIS 12.11

He escuchado esta cita de las Escrituras vez tras vez, pero sólo una parte de ellas. La mayoría de la gente se detiene demasiado rápido; dejan fuera la última parte. Es esta porción la que es tan impopular en la cultura occidental. Nosotros nunca ganaremos la batalla contra la intimidación a no ser que rechacemos amar nuestras vidas aun hasta la muerte. Si amamos nuestras vidas, buscaremos salvarlas.

Hombre de Dios, mujer de Dios, ahora conoces la verdad: la única forma de conquistar la intimidación es perdiendo tu vida. Clama a Dios mientras lees. No te retires sino atrévete a creer. Pídele que llene tu corazón con este amor; su amor. Esa clase que nunca se quita. Pídele por su gracia para vencer los obstáculos que enfrentas. Pídele que te conceda el privilegio de ir a los lugares difíciles. Ora para estar enfocado en lo que Él está haciendo en la tierra. No pidas por una vida fácil. En lugar de eso, pide por una que lo glorifique.

## «¿Y qué de este?»

Volvamos a cuando Jesús preparó el desayuno para sus discípulos, después de la resurrección. Jesús no le dio a Pedro una «profecía de bendición» después de su desayuno. No obstante, las palabras de Jesús llevaban la promesa de que

131

Pedro podría vencer su mayor temor, no cumplir más con sus propios deseos en sus propias fuerzas. Jesús le dijo que sería martirizado, perdiendo su vida a causa de su lealtad por Jesús. Pedro podría conquistar lo que antes no pudo enfrentar. Jesús vio al nuevo Pedro, aquel en el cual se convertiría. Él vio el trabajo terminado.

Pedro todavía no estaba listo. Después de escuchar lo que le sucedería, se dio vuelta y miró a Juan, el apóstol, y le preguntó a Jesús: «Señor, ¿y qué de éste?» (Juan 21.21). Pedro todavía estaba comparándose con otros. Básicamente, estaba diciendo: «Si yo tengo que pasar a través de todo esto, ¿qué tiene que hacer él?»

Jesús le respondió: «Si quiero que él quede hasta que yo venga, ¿qué a ti? Sígueme tú» (v.22).

En otras palabras, no importa. No te compares con otros. Sólo sígueme. Muchas personas miden sus vidas y ministerios por lo que otros hacen o dicen. Tú no querrás medirte por medio de estándares equivocados. Hay una gran diferencia entre un centímetro y un kilómetro. La mayoría de la gente en nuestras congregaciones viven sus vidas como les place, en la facilidad y el confort. Cuando nos comparamos unos con otros parecemos muy bien (y muy tibios). Es un falso consuelo el decir «soy tan bueno como la multitud». El engaño de esta creencia es que, si tu estás bien, entonces yo estoy bien. Sin embargo, tenemos un estándar, una unidad común para medirnos. No usamos como medida a otros predicadores o iglesias, ni a nuestros hermanas y hermanos. ¡nuestro estándar es Jesús! Él no le dice a Pedro que siga a Juan. Él dice: «Sígueme.»

La senda que Jesús caminó era uno de autonegación. Con sólo desear seguir a Jesús no alcanza; ¡debemos hacerlo! Lee lo siguiente:

> *«Y llamando a la gente y a sus discípulos, les dijo: Si alguno quiere venir en pos de mí, niéguese a sí mismo, y*

*tome su cruz, y sígame. Porque todo el que quiera sal-*
*var su vida, la perderá.»*

—MARCOS 8.34,35A

Nota que dice que todo lo que debes hacer es desear
salvar tu vida, ¡y la perderás! ¡Waw! Desear las cosas que
el mundo persigue —aun si nunca las alcanzas— te costará la vida. Sin embargo, mira cuidadosamente a lo que Jesús continúa diciendo:

*«...y todo el que pierda su vida por causa de mí y del*
*evangelio, la salvará.»*

—MARCOS 8.35B

Nota que Él no dice: «Todo el que *desee* perder su vida
por causa de mí.» Desear no es suficiente. Pedro deseo seguir a Jesús la noche que lo traicionó. Pero su motivación
no estaba respaldada por el amor o el poder de Dios, por
lo tanto fue vencido.

## Examina tu corazón

Mientras lees, examina tus motivaciones. ¿eres un verdadero discípulo de Jesucristo, o deseas seguirlo si es que está dentro de tus parámetros? ¿Estás dentro de tus propios
límites, lejos del riesgo del autosacrificio? ¿Es posible que
esos límites te mantengan fuera de los caminos que Él caminó, y finalmente te descalifiquen? (Ver 2 Corintios 13.5).
Para decidir seguir o no a Jesús, primero debemos conocer
el costo. Sí, es correcto. Te costará. Requiere nada menos
que tu vida entera. Escucha cómo Jesús le resumió esto a
las multitudes que deseaban seguirlo:

*«Grandes multitudes iban con él; y volviéndose, les di-*
*jo: Si alguno viene a mí, y no aborrece a su padre, y ma-*
*dre, y mujer, e hijos, y hermanos, y hermanas, y aun*

*también su propia vida, no puede ser mi discípulo. Y el que no lleva su cruz y viene en pos de mí, no puede ser mi discípulo. Porque ¿quién de vosotros, queriendo edificar una torre, no se sienta primero y calcula los gastos, a ver si tiene lo que necesita para acabarla? No sea que después que haya puesto el cimiento, y no pueda acabarla, todos los que lo vean comiencen a hacer burla de él, diciendo: Este hombre comenzó a edificar, y no pudo acabar ... así, pues, cualquiera de vosotros que no renuncia a todo lo que posee, no puede ser mi discípulo.»*

—LUCAS 14.25-30,33

Esto es lo que cuesta permanecer hasta el fin. Hemos leído en el libro de Apocalipsis que aquellos que vencen no aman sus vidas, aun bajo la muerte. Desafortunadamente, esta no sería una descripción adecuada de la iglesia en Norteamérica hoy día.

Podría dar muchos ejemplos de hombres y mujeres cristianos que todavía poseen sus propias vidas. Cuando me encontraba pastoreando, una joven mujer vino a mí quejándose: «Pastor John, tengo una terrible autoimagen. Por favor, ore por mí para mejorarla.»

La miré y le dije: «¡Ese es su problema!»

Ella estaba desconcertada. Esperaba una larga sesión de consejería, con oración al final. Estaba esperando que fuera agradable y dulce con ella, para que se sintiera mejor acerca de ella misma. Mi respuesta la desconcertó. Pero es la verdad la que nos hace libres; no hablar acerca de nuestros problemas sin tratar con sus raíces.

Le pregunté: «¿Dónde encuentra usted las referencias a la autoestima o a la buena autoimagen en la Biblia? Jesús dijo que, para seguirlo, ¡debe morir! ¿Ha visto alguna vez a un muerto sentarse en el ataúd y decir: «Hea, ¿por qué no me pusiste aquella otra camisa? ¡esta no me gusta! Y ¿por qué no me peinaste de otra forma? ¿Qué pensará la gente?»

Quería mostrarle a ella que esa autoestima y buena autoimagen no están en la Biblia. El sentirte bien sobre ti mismo no es un requerimiento para amar y seguir a Jesucristo. Su enfoque estaba en lo temporal, no en lo eterno.

No podemos servir a Dios sólo cuando nos sentimos bien acerca de nosotros mismos, cuando estamos excitados o cuando todo marcha como deseamos. A la gente que se comporta de esta forma la llamaríamos «los amigos del buen tiempo». Ahora bien, hay «cristianos del buen tiempo». Ellos son necios. Finalmente, tendrán que enfrentar algo que no se halla en sus parámetros. Esto podría suceder en cualquier etapa de su camino. Si no están preparados, renunciarán. Pueden ir a la iglesia, pagar los diezmos y dar ofrendas, hablar en lenguas y decir las cosas correctas, pero en sus corazones han renunciado a su búsqueda de Dios. El amor de Dios no tiene límites. Si vamos a caminar con Él, debemos remover nuestros límites.

## Un hombre cambiado

Cuando miramos a Pedro en el libro de los Hechos es difícil creer que es el mismo hombre que negó a Cristo ante los sirvientes. Después de la llenura del Espíritu Santo, audaz y valientemente proclamó a Jesús como Señor y Mesías a través de todo Jerusalén. Fue arrestado y llevado ante los líderes, los sacerdotes que habían crucificado a Jesús. Ahora no estaba parado delante de sus siervos sino delante del mismo concilio que había condenado a Jesús. Él los miró y, con gran valentía, declaró: «Ustedes son aquellos que crucificaron a Jesucristo, el Mesías, y no hay salvación en otro que no sea Él.» (Ver Hechos 4.8-12).

La valentía de Pedro y Juan hizo que el concilio se asombrara, y no pudieron decir nada contra la obra que Dios había hecho. Esos hombres eran señores en control de la situación, por lo que recurrieron a la intimidación. Dijeron entre ellos: «...para que no se divulgue más entre el pueblo, amenacémosles para que no hablen de aquí en adelante a hombre alguno en este nombre» (Hechos 4.17).

Recuerda que estos líderes acababan de crucificar a Jesús. Y Jesús ya le había dicho a Pedro que moriría como Él. Esas no eran amenazas pasivas. Aun frente el rostro de una posible muerte, Pedro y Juan declararon valientemente: «Juzgad si es justo delante de Dios obedecer a vosotros antes que a Dios; porque no podemos dejar de decir lo que hemos visto y oído» (Hechos 4.19,20).

Excepto por Juan, Pedro estaba sólo ante el concilio. No había nadie a quién impresionar o quien lo apoyara. Pero ahora él tenía una clase diferente de audacia. Estaba siendo alimentada por su amor por Jesús. Él y Juan fueron liberados y se reunieron a los discípulos, reportando lo que había sucedido y las amenazas que les habían hecho. Ahora mira lo que estos hombres le pidieron a Dios que hiciera:

*«Y ahora, Señor, mira sus amenazas, y concede a tus siervos que con todo denuedo hablen tu palabra, mientras extiendes tu mano para que se hagan sanidades y señales y prodigios mediante el nombre de tu santo hijo Jesús.»*

—HECHOS 4.29,30

Estos hombres le pidieron a Dios por más de la misma cosa por la cual habían tenido problemas. Sabían que predicar el Evangelio pondría sus vidas en riesgo. Pero continuaron predicando y Dios fue fiel en realizar grandes milagros. Ellos no permitieron que el don de Dios se durmiera a causa de la intimidación. De hecho, el poder de Dios era tan fuerte que los enfermos eran llevados a las calles de Jerusalén, y eran sanados cuando la sombra de Pedro caía sobre ellos (Hechos 5.15).

El sumo sacerdote y el concilio cumplieron sus amenazas. Arrestaron a los discípulos y los metieron en la cárcel.

El sumo sacerdote dijo: «¿No os mandamos estrictamente que no enseñaseis en ese nombre? Y ahora habéis llenado a Jerusalén de vuestra doctrina» (Hechos 5.28).

Nuevamente, Pedro respondió valientemente:

*«Es necesario obedecer a Dios antes que a los hombres. El Dios de nuestros padres levantó a Jesús, a quien vosotros matasteis colgándole en un madero. A este, Dios ha exaltado con su diestra por Príncipe y Salvador, para dar a Israel arrepentimiento y perdón de pecado. Y nosotros somos testigos suyos de estas cosas, y también el Espíritu Santo, el cual ha dado Dios a los que le obedecen.»*

—HECHOS 5.29-32

¡Qué valentía y audacia! Los discípulos no serían intimidados. Pedro ya no buscaba conservar su vida. Él estaba libre del egoísmo y lleno del Espíritu de Dios. El amor de Dios abundaba en su corazón. Tal como lo dice Romanos 5.5: «...el amor de Dios ha sido derramado en nuestros corazones por el Espíritu Santo que nos fue dado.»

Es claro que el Espíritu Santo trae el amor de Dios a nuestras vidas. Pero también es claro de parte de Pedro que el Espíritu Santo es dado a los que *obedecen*. Muchos cristianos quieren el amor sin la obediencia.

Hablar en lenguas no garantiza que el amor de Dios habita en tu corazón. La llenura del Espíritu Santo no es una experiencia de una sola vez. No importa cuán bien conozcas las escrituras o cuán bien hables en lenguas. Si no estás viviendo una vida obediente delante de Dios, tu amor crecerá frío. Con cada desobediencia ese amor puede disminuir.

Jesús dijo que un signo de los últimos días sería el amor de Dios creciendo frío en el corazón de los cristianos, a causa de la ilegalidad o desobediencia (Mateo 24.12). El amor al que Jesús se refiere es *ágape*. Sólo aquellos que han recibido a Jesús poseen ese amor. Es posible estar llenos pero perder el genuino amor del Espíritu.

La obediencia de Pedro y Juan los llevó a una gran audacia, y llenó sus corazones con amor.

> «...y llamando a los apóstoles, después de azotarlos, les intimaron que no hablasen en el nombre de Jesús, y los pusieron en libertad. Y ellos salieron de la presencia del concilio, gozosos de haber sido tenidos por dignos de padecer afrenta por causa del Nombre.»
> —HECHOS 5.40,41

Pedro y Juan no fueron intimidados por los líderes; de hecho, fueron llenos de gozo. Estos eran dos discípulos muy distintos a aquellos dormidos en el jardín. Se regocijaron de ser considerados dignos y de que se les diera oportunidad de mostrar su amor y su fidelidad. Pedro ahora no sólo amaba afectivamente sino también con todo su ser.

El libro *Christian Martyrs of the World* (Mártires cristianos del mundo), de Foxe, registra que Pedro fue martirizado tal como Jesús lo dijo. Cuando estaba a punto de ser crucificado, se registra que Pedro dijo: «No soy merecedor de morir en la forma que lo hizo mi Señor.» Entonces lo colgaron en la cruz, ¡cabeza abajo! Pedro dejó este mundo como un conquistador. ¡Aleluya!

## Capítulo 11

# El temor de Dios *versus* el temor del hombre

Todo lo que hemos leído y estudiado ahora nos lleva al elemento más crucial en el trato con la intimidación. No sólo es importante cuando nos enfrentamos a la intimidación sino también en cada área de la vida. Estoy hablando del temor del Señor.

La Iglesia no entiende el temor del Señor. Esto es desafortunado, ya que es un elemento significativo en la vida de un cristiano exitoso. Isaías profetizó, refiriéndose a Jesús: «Se deleitará en el temor del Señor...» (Isaías 11.3, Bd-lA). ¡Su deleite debiera ser nuestro!

El hombre que teme a Dios será guiado en los caminos de Dios (Salmo 25.12). Ese hombre «gozará ... bienestar, y su descendencia heredará la tierra» (v.13).

Se nos ha dicho que el temor de Dios es el principio de la sabiduría y el comienzo del conocerlo (Proverbios 9.10; 1.7;2.5). Prolongará nuestros días (Proverbios 10.27). Se nos ha advertido sin santidad, la cual es perfecta por el temor del Señor (Hebreos 12.14;2 Corintios 7.1). Y esto es sólo un ejemplo de lo que la Biblia dice sobre el temor de Dios.

La única forma de caminar totalmente libre de la intimidación es hacerlo en el temor del Señor. La Biblia dice: «En el temor de Jehová está la fuerte confianza» (Proverbios 14.26). La confianza fuerte produce la audacia que necesitamos para andar en los caminos de Dios, en lugar de los del hombre. Examinemos las diferencias entre el temor de Dios y el del hombre.

## Definiendo el temor de Dios y el temor del hombre

Primero, ¿qué es el temor de Dios? Incluye —pero es más que— respetarlo. Temerle significa el lugar de gloria, honor, reverencia, acción de gracias, alabanza y preeminencia que Él merece. (Nota que es *lo que Él merece*, y no *lo que nosotros pensamos* que Él merece.) Él mantiene esta posición en nuestras vidas cuando lo estimamos a Él y a sus deseos más que a los nuestros. Odiaremos lo que Él odia y amaremos lo que Él ama, temblando en su presencia y ante su Palabra.

Segundo, examinemos el temor del hombre. Temer al hombre es estar en estado de alarma, ansiedad, pavor, terror y sospecha, cubriéndonos ante un hombre mortal. Cuando estemos atrapados en ese temor, viviremos corriendo, escondiéndonos del daño o el reproche, y evitando constantemente el rechazo y la confrontación. Llegamos a estar tan ocupados salvaguardándonos a nosotros mismos y sirviendo al hombre que somos inefectivos en nuestro servicio a Dios. Temerosos de lo que el hombre pueda hacernos, no le daremos a Dios lo que merece. La Biblia nos dice: «El temor del hombre pondrá lazo» (Proverbios 29.25). Un lazo es una trampa. Temerle al hombre te roba la autoridad que Dios te ha dado. Por lo tanto, su don permanece dormido en ti. Te sientes incapaz de hacer lo que es correcto porque la autoridad de Dios está inactiva en tu vida.

Isaías 51.7-13 nos amonesta: «Oídme, los que conocéis justicia, pueblo en cuyo corazón está mi ley. No temáis afrenta de hombres, ni desmayéis por sus ultrajes ... ¿quién eres tú para que tengas temor del hombre, que es mortal, y del hijo del hombre, que es como heno? Y ya te has olvidado de Jehová tu Hacedor.»

Cuando agradamos al hombre para escapar de los reproches, nos olvidamos del Señor. Nos apartamos de su servicio. «Pues si todavía agradara a los hombres, no sería siervo de Cristo» (Gálatas 1.10).

¡Servirás y obedecerás a quien le temes! Si le temes al hombre, le servirás a él. Si le temes a Dios, le servirás a Él. No puedes temerle a Dios si le temes al hombre, porque no puedes servir a dos señores (Mateo 6.24). Por el otro lado, no tendrás miedo del hombre si le temes a Dios.

## ¿Le temerían a Dios los creyentes del Nuevo Testamento?

El temor de Dios no es una doctrina muerta del Antiguo Testamento. Es un camino de vida. Si amas a Dios, sólo le temerás a Él. Tu temor de Dios fagocitará todos los otros temores pequeños.

Me lamento cuando escucho hablar a la gente sobre Dios como si Él fuera un asistente. Una persona que habla de Él en esos términos, realmente no conoce al Señor. Aun hasta los discípulos más cercanos a Jesús lo llamaban Señor y Maestro (Juan 20.28). Cuando tratamos al Señor como familiar, perdemos la perspectiva de su lugar correcto.

Esta clase de actitud causará que nos comportemos irreverentemente con Él. Vemos evidencias de esto tanto en la iglesia como en las vidas privadas de los «creyentes». Ellos se llaman a sí mismos creyentes, pero ¿sus estilos de vida lo demuestran? Con frecuencia me lamento mientras miro la forma en que la gente actúa en la iglesia. Antes del servicio corren de un lado para el otro para sentarse, o se molestan si algún otro llegó antes a sus lugares. Hablan y murmuran durante el servicio. Entonces se levantan y se van si piensan que el sermón es muy largo o no les gusta lo que están escuchando.

Es alarmante ver su aparente falta de respeto por sus pastores. Ellos hablan acerca de los siervos de Dios de la misma forma en que los noticieros hablan de los políticos. Tal vez muchos ministros han actuado más como políticos que como hombres de Dios. Pero aún son siervos de Dios y de Él para que los juzgue. Cuando le tememos a Dios, respetaremos las cosas de su casa y los siervos que Él pone. David no levantó su mano contra el ungido de Dios, el rey Saúl, aun después que Saúl matara a ochenta y cinco sacerdotes del Señor (1 Samuel 22.11-23). ¡David le temía a Dios!

Estoy entristecido por lo que muchos creyentes escuchan, miran y leen. Me pregunto si en algunos hogares hay alguna diferencia entre la forma en que viven a la que el mundo lo hace. En su búsqueda por ser equilibrados, normales y aceptados, se han olvidado que Dios no llama «normal» a lo que el mundo llama «normal». Cuando amas de verdad a Dios, y le temes solamente a Él, vivirás una vida de consagración, no de mundanalidad. Pedro exhortó:

*«...sino, como aquel que os llamó es santo, sed también vosotros santos en toda vuestra manera de vivir; porque escrito está: Sed santos, porque yo soy santo. Y si invocáis por Padre a aquel que sin acepción de personas juzga según la obra de cada uno, conducíos en temor todo el tiempo de vuestra peregrinación.»*
—1 PEDRO 1.15-17

El temor de Dios es una gran motivación para guardarnos de lo impío.

# ¿Está la Iglesia con miedo?

En Hechos 2 los discípulos fueron llenos del Espíritu santo y hablaron en lenguas y profecías. Estaban tan llenos que actuaron como borrachos. Las risas y el gozo fluían en esos nuevos creyentes. Dios los estaba fortaleciendo y refrescando. Dios se deleita haciendo eso. Él no es un Dios rencoroso que se deleita en la tristeza. En cambio Él lo hace en el amor, la misericordia, la justicia, la paz y el gozo.

Los discípulos vieron a muchas personas llegar a ser salvas en los próximos pocos días. Pero algunos de esos convertidos habían venido al Señor por las bendiciones en lugar de hacerlo por lo que Él es. Esto provocó que no le dieran a Dios la reverencia que merece. Gradualmente, se «familiarizaron» con el Señor. Esta familiaridad los llevó a tomar las cosas de Dios como comunes. No temblaban ante su presencia o palabra. Vemos evidencia de esto en Hechos capítulo 5.

Un hombre y su esposa trajeron una ofrenda de una parcela de terreno que habían vendido. No era la cantidad total que habían recibido de la venta. Pero quisieron que pareciera de esa forma, para parecer buenos a la vista de los otros creyentes. Honraron la apariencia sobre la verdad, y temieron al hombre en lugar de Dios. Trajeron la ofrenda, mintieron (muchos la considerarían como una «mentira blanca», inofensiva) y cayeron muertos.

Ellos murieron porque mintieron en la presencia de la gloria de Dios. Acostumbraba a pensar, como estoy seguro que tú lo haces, que debe haber gente que ha hecho lo mismo en la presencia de los predicadores, en la actualidad, y no han caído muertos por eso. ¿Por qué?

Pienso que se debía a que la presencia de Dios era más poderosa en los tiempos del libro de los Hechos de lo que ocurre actualmente. Por ejemplo, Hechos registra que fue después de este incidente cuando Pedro caminó por las calles de Jerusalén y los enfermos eran sanados cuando su sombra los tocaba (Hechos 5.15). Nosotros no vemos esa clase de milagros hoy día.

Creo que a medida en que su presencia y gloria aumenten se verán hechos similares al de Hechos capítulo 5. Nota lo que sucedió después de que ellos cayeran muertos:

*«Y vino un gran temor sobre toda la iglesia, y sobre todos los que oyeron estas cosas.»*
—HECHOS 5.11

El profundo pavor y la reverencia por el Señor fueron restaurados. Se dieron cuenta de que necesitaban repensar el tratamiento de la presencia y unción de Dios. Recuerda que Dios ha dicho:

*«En los que a mí se acercan me santificaré, y en presencia de todo el pueblo seré glorificado.»*
—LEVÍTICO 10.3

## Cuando Dios está quieto nuestros corazones son revelados

Dios ha retenido su gloria para probarnos y prepararnos. ¿Seremos reverentes, aun cuando su presencia no se manifiesta? En muchas formas, la iglesia moderna se ha comportado como los hijos de Israel. De hecho, Pablo dice que sus experiencias eran escritas como ejemplos para nosotros (1 Corintios 10.6).

Los israelitas estaban excitados cuando Dios los bendijo y realizó milagros para ellos. Cuando Dios separó el mar rojo y los llevó a través de tierra seca, y entonces sepultó a sus enemigos, ellos cantaron, danzaron y gritaron por la victoria (Éxodo 15.1-21). Sin embargo, unos pocos días después, cuando su tremendo poder no era aparente, y la comida y la bebida escaseaban, ellos se quejaron contra Dios (Éxodo 15.22).

Más tarde, Moisés llevó al pueblo al monte Sinaí para consagrarlos a Dios. Dios bajó sobre la montaña a la vista de todo su pueblo. Fue muy asombroso, con truenos y rayos y una espesa nube sobre la montaña. Entonces Moisés llevó al pueblo fuera del campamento para encontrar a Dios, pero viéndolo el pueblo, temblaron, y se pusieron de lejos (Éxodo 20.10-18). Ellos retrocedieron en terror —no en temor de Dios— sino en temor por sus propias vidas. Cuando Dios descendió se dieron cuenta de que amaban a sus propias vidas más de lo que amaban a Dios.

Le dijeron a Moisés: «Habla tú con nosotros, y nosotros oiremos; pero no hable Dios con nosotros, para que no muramos. Y Moisés respondió al pueblo: No temáis; porque para probaros vino Dios, y para que su temor esté delante de vosotros, para que no pequéis» (Éxodo 20.19,20).

Nota que el temor de Dios te da el poder sobre el pecado. Proverbios 16.6 dice: «Y con el temor de Jehová los hombres se apartan del mal.»

Éxodo 20.21 continúa el relato: «Entonces el pueblo estuvo a lo lejos, y Moisés se acercó a la oscuridad en la cual estaba Dios.» Moisés le dijo a Dios lo que ellos habían dicho y lo temerosos que estaban. Dios contestó: «...bien está todo lo que han dicho. ¡Quién diera que tuviesen tal corazón, que me temiesen y guardasen todos los días todos mis mandamientos, para que a ellos y a sus hijos les fuese bien para siempre!» (Deuteronomio 5.28,29).

El pueblo se alejó, mientras que Moisés de acercó. Esto revela la diferencia entre Moisés e Israel. Moisés temía a Dios; por lo tanto no tenía miedo. El pueblo no le temía a Dios, por lo tanto estaban asustados. El temor de Dios te acerca hacia la presencia de Dios, no te aleja de ella. Sin embargo, el temor del hombre hace que te retires de Dios y su gloria.

Cuando estamos atados por el temor del hombre nos sentiremos más cómodos en la presencia del hombre que en la presencia de Dios. ¡Aun en la iglesia! ¿El motivo?: La presencia de Dios permanece abierta en nuestros corazones y nos trae convicción.

## No Sinaí sino Sión

Para probar que el temor de Dios es una realidad del Nuevo testamento, vayamos a este relato en el libro de los Hebreos:

> *«Porque no os habéis acercado al monte que se podía palpar, y que ardía en fuego, a la oscuridad, a las tinieblas y a la tempestad, al sonido de la trompeta, y a la voz que hablaba, la cual los que la oyeron rogaron que no se les hablase más ... sino que os habéis acercado al monte de Sión.»*
> —HEBREOS 12.18-22

Primero, se nos recuerda lo que sucedió en Sinaí. Entonces se nos habla acerca de la montaña a la cual debemos ir, llamada Sión. Dios habló sobre la tierra desde aquella montaña en Sinaí. Ahora, el mismo Dios nos habla desde el Cielo sobre esta nueva montaña: Sión.

> *«Mirad que no desechéis al que habla. Porque si no escaparon aquellos que desecharon al que los amonestaba en la tierra, mucho menos nosotros, si desecháremos al que amonesta desde los cielos.»*
> —HEBREOS 12.25

Fíjate en las palabras «mucho menos» (referentes a que no escaparemos). Nuestro juicio es mucho más severo cuando no escuchamos y obedecemos la voz de Dios. La gracia que nos es dada bajo el Nuevo testamento no es para usarla para vivir como nos plazca. ¿Por qué los israelitas no atendieron su voz? Ellos no le temían a Dios. Ten esto en mente mientras continúas leyendo, y verás claramente que la razón por la cual la gente no escucha en el Nuevo Pacto es la misma:

> *«Así que, recibiendo nosotros un reino inconmovible, tengamos gratitud, y mediante ella sirvamos a Dios, agradándole con temor y reverencia; porque nuestro Dios es fuego consumidor.»*
>
> —HEBREOS 12.28

Dice «temor y reverencia». Si el temor de Dios se limitara solo a la reverencia, el escritor no habría separado el concepto de temor de reverencia. Presta atención también a que el escritor no concluye «porque nuestro Dios es Dios de amor», sino que en lugar de eso dice que «nuestro Dios es fuego consumidor». Esta declaración acerca de Dios se corresponde con la motivación de los hijos de Israel de retraerse de su presencia. «Porque este gran fuego nos consumirá; si oyéremos otra vez la voz de Jehová nuestro Dios, moriremos» (Deuteronomio 5.25). ¡Dios no ha cambiado! ¡Todavía es santo; todavía es fuego consumidor!

Sí, Él es amor, pero también es fuego consumidor. En nuestras iglesias hemos enfatizado el amor de Dios y escuchado muy poco sobre el temor de Dios. Puesto que no hemos predicado todo el consejo de Dios, nuestra perspectiva del amor está deformado.

El amor que hemos predicado es débil. No tiene el poder de guiarnos a una vida consagrada. Ha apagado nuestro fuego y nos ha dejado tibios. Hemos llegado a ser como niños caprichosos que no tienen reverencia por sus padres. Si no crecemos en el temor del Señor corremos el riesgo de llegar a tratarlo como algo común las cosas que Él considera santas.

También fíjate en este versículo: «...tengamos gracia mediante la cual sirvamos a Dios aceptablemente, con reverencia y temor santo» (Hebreos 12.28, [paráfrasis del autor]). La gracia no nos es dada solamente para cubrir la falta de reverencia y pecado. Es dada para autorizarnos a servir a Dios aceptablemente. La forma aceptable de servirlo es, además del amor, con reverencia y santo temor.

Junto con esas líneas, Pablo también escribió: «Ocupaos en vuestra salvación con temor y temblor» (Filipenses 2.2). ¿Dónde está nuestro temor y temblor? ¿Nos hemos olvidado que Él es el *Juez* justo? ¿Nos hemos olvidado de su juicio? Lee cuidadosamente la siguiente exhortación:

> *«No te ensoberbezcas, sino teme. Porque si Dios no perdonó a las ramas naturales [Israel], a ti tampoco te perdonará. Mira, pues, la bondad y la severidad de Dios; la severidad ciertamente para con los que cayeron, pero la bondad para contigo, si permaneces en esa bondad; pues de otra manera tú también serás cortado.»*
> —ROMANOS 11.20B-22

Nos hemos convertido en expertos de su bondad. Sin embargo, no es sólo su bondad lo que debemos considerar. Debemos entender también la severidad de Dios. Su bondad nos acerca a su corazón, y su severidad nos guarda del orgullo y de toda forma de pecado. Una persona que sólo considera las bondades abandona el temor que lo guardará del orgullo y la mundanalidad. De la misma forma, la persona que sólo considera la severidad de Dios es fácilmente atrapado en el legalismo. Son ambos, el amor y el temor de Dios, los que nos guardan en el camino angosto de la vida.

Anhelo que te des cuenta de que estoy enfatizando a propósito este temor de Dios, el cual ha sido tan negligenciado en nuestra iglesia moderna. Amo apasionadamente a Dios, y tengo un gran gozo por ser su hijo y por el privilegio de servirle. Sé que es la bondad de Dios la que nos guía al arrepentimiento (Romanos 2.4). También sé que es el temor de Dios y su juicio lo que nos guarda de pecar premeditadamente.

*«Porque si pecáremos voluntariamente después de haber recibido el conocimiento de la verdad, ya no queda más sacrificio por los pecados, sino una horrenda expectación de juicio, y de hervor de fuego que ha de devorar a los adversarios. El que viola la ley de Moisés, por el testimonio de dos o tres testigos muere irremisiblemente. ¿Cuánto mayor castigo pensáis que merecerá el que pisoteare al Hijo de Dios, y tuviere por inmunda la sangre del pacto en la cual fue santificado, e hiciere afrenta al Espíritu de gracia? Pues conocemos al que dijo: Mía es la venganza, yo daré el pago, dice el Señor. Y otra vez: El Señor juzgará a su pueblo. ¡Horrenda cosa es caer en manos del Dios vivo!»*
—Hebreos 10.26-31

Una persona es seducida por el pecado cuando considera como común o familiar lo que Dios considera como santo. Con mucha frecuencia tomamos livianamente las cosas que Dios toma seriamente, y tratamos seriamente las cosas que Dios trata livianamente. Somos muy serios acerca de parecer respetables ante otras gentes, pero eso no es tan importante para Dios como las motivaciones de nuestros corazones.

He conocido hombres que fueron atrapados en el pecado, todos mientras decían: «Amo a Jesús.» Ellos medían su condición espiritual por lo que sentían por Jesús. Pero, ¿lo amaban lo suficiente como para morir al pecado que los ataba? No, ¡no tenían temor de Dios!

Mientras visitaba a un ministro en prisión, quien había caído en inmoralidad sexual y corrupción financiera, me dijo: «John, siempre amé a Jesús, aun cuando estaba engañado. Él era mi Salvador, pero no mi Maestro.» Había tomado decisiones motivado por el temor al hombre. Quería agradar a la gente. Deseaba las alabanzas que vienen de los hombres. Esto lo llevó a la corrupción. En esa prisión Dios le mostró su amor y misericordia, y le enseñó el temor del Señor. Ahora teme al Señor y ha sido restaurado.

## Rechazar la invitación de Dios

Regresando a la ilustración del monte Sinaí, quiero señalar algo que pasa desapercibido para la mayoría de la gente. Dios instruyó tanto a Moisés como a Aarón para que vinieran a la montaña (Éxodo 19.24). Moisés subió, pero por alguna razón encontramos a Aarón de regreso en el campamento (Éxodo 32.1). Creo que Aarón regresó porque estaba más cómodo en la presencia de los otros «creyentes» más que en la presencia de Dios. ¿No nos parecemos a esto en nuestras iglesias actuales? Estamos más cómodos yendo a la iglesia, teniendo comunión con otros cristianos, y manteniéndonos ocupados con las tareas del ministerio, más que con el Señor. Evitamos estar solos en su presencia, en lugar de eso nos rodeamos de gente y actividades, deseando que esto esconda nuestro vacío.

Josué, por el otro lado, tenía un corazón que buscaba de Dios. Él quería estar tan cerca de la presencia de Dios como le fuera posible. Permaneció al pie de la montaña por cuarenta días, mientras Moisés estaba con Dios (Éxodo 32.17). Él estuvo tan cerca como pudo, sin llegar a donde sólo Moisés y Aarón habían sido invitados. Josué temió lo suficiente a Dios como para no ser presuntuoso.

Mientras Josué esperaba en la montaña, el pueblo en el campamento crecía en inquietud. Estaban en una tierra extraña, su líder se había ido por más de un mes, y Dios aún no se había revelado. Comenzaron a cuestionar a Dios y a Moisés.

> «Viendo el pueblo que Moisés tardaba en descender del monte, se acercaron entonces a Aarón y le dijeron: Levántate, haznos dioses que vayan delante de nosotros; porque a este Moisés, el varón que nos sacó de la tierra de Egipto, no sabemos qué le haya acontecido.»
> —ÉXODO 32.1

En apariencia, ellos respetaban y temían a Dios. «¡Oh, Moisés!», habían rogado, «Él es muy maravilloso para nosotros. Vé tú y habla con Él, y dinos lo que dice. Nosotros escucharemos y obedeceremos.» Ellos habían visto cuán terrible y poderoso era Dios, aun así no le temían, al punto que se construyeron ídolos. Ahora Dios estaba quieto, la verdadera naturaleza de ellos estaba puesta de manifiesto.

Fácilmente podemos temer a Dios mientras Él está haciendo milagros y demostraciones de su poder. Pero Dios también está buscando por aquellos que son reverentes y temerosos de Él aun cuando no perciben su presencia o poder, como los niños que obedecen aun cuando sus padres no están mirándolos. La verdadera obediencia es tal cuando nadie está alrededor para verificar.

Dios le dijo a Israel: «¿No he guardado silencio desde tiempos antiguos, y nunca me has temido?» (Isaías 57.11). En esencia, Él preguntó: «¿Por qué mi pueblo no me teme?» Entonces Él respondió su propia pregunta al observar que la gente no le temía puesto que Él no se había manifestado con su tremendo poder durante algún tiempo. En otras palabras, cuando la gente no lo veía mostrarse asombrosamente, actuaban como si Él no estuviera allí. El silencio de Dios expuso las verdaderas motivaciones del corazón de la gente.

Es en el medio del desierto, mientras se enfrentan las pruebas, no en un servicio ungido y poderoso, cuando un verdadero creyente es revelado. Una persona es en «la prensa» lo que realmente es. Miremos lo que Aarón hizo bajo presión:

> *«Y Aarón les dijo: Apartad los zarcillos de oro que están en las orejas de vuestras mujeres, de vuestros hijos y de vuestras hijas, y traédmelos. Entonces todo el pueblo apartó los zarcillos de oro que tenían en sus orejas, y los trajeron a Aarón; y él los tomó de las manos de ellos, y le dio forma con buril, e hizo de ellos un*

*becerro de fundición. Entonces dijeron: Israel, estos son*
*tus dioses, que te sacaron de la tierra de Egipto.»*
—ÉXODO 32.2-4

Con el botín de Egipto, ellos hicieron un ídolo fuera de
la bendición de Dios. Pero aun más alarmante es que Aarón, el que no fue a la montaña, hizo el ídolo. Él había sido el vocero de Moisés. Había estado parado a su lado y
visto cada gran milagro y plaga. Pero ahora le temía a la
gente, y le dio lo que ellos querían. Él le temió al hombre
más que a Dios, así que fue fácilmente intimidado por la
gente. No había audacia en él, el don de Dios estaba dormido. Esto hizo de él un líder débil. Cuando fue confrontado por Moisés, él acusó al pueblo de haberlo intimidado.

> *«Y respondió Aarón: No se enoje mi señor; tú conoces*
> *al pueblo; que es inclinado al mal. Porque me dijeron:*
> *Haznos dioses que vayan delante de nosotros; porque a*
> *este Moisés, el varón que nos sacó de la tierra de Egip-*
> *to, no sabemos qué le haya acontecido. Y yo les respon-*
> *dí: ¿Quién tiene oro? Apartadlo. Y me lo dieron, y lo*
> *eché en el fuego, y salió este becerro.»*
> —ÉXODO 32.22-24

Aarón no tomó responsabilidad por lo que había hecho. Sí, su evaluación del pueblo era correcta. Había sido
idea de ellos, no de Aarón. Pero porque él les temía no fue
lo suficientemente fuerte para romper la intimidación de
la multitud y guiarlos de forma correcta. Estaba atrapado
por el temor al hombre.

Los líderes que temen al hombre retrocederán y le da-
rán a la gente lo que quieren en lugar de lo que necesitan.
Se convierten en presas fáciles para la intimidación. No
importa cuánto digan los líderes que aman a Dios y a su
pueblo, mientras teman al hombre nunca verán el verdadero progreso en ellos mismos o en la gente que lideran.

El hombre que teme a Dios sólo está preocupado por

lo que Dios dice acerca suyo. El hombre que teme al hombre está más preocupada con lo que el hombre piensa acerca de él que lo que piensa Dios. Así, ofende a Dios para no ofender al hombre.

He observado a líderes tomar decisiones a fin de darle a la gente lo que ellos deseaban. Sus motivaciones eran mantener su popularidad con la gente. Por supuesto, ellos nunca admitirían esto y sería posible que ni siquiera se percataran de esto. Justificaban sus decisiones razonando: «No queremos ofender a la gente», o «Esto es lo mejor para todos», o «Más gente puede ser ministrada si hago esto», y así continúan. El Reino de Dios no es una democracia. Es un reino. La popularidad no es importante. Ellos no se daban  cuenta de que estaban motivados por el temor y la intimidación. Sus acciones no estaban arraigadas en el amor por la gente sino en el amor por ellos mismos.

## ¿Qué sucede cuando no le tememos a Dios?

Dios le dijo a Moisés: «¡Quién diera que tuviesen tal corazón, que me temiesen…» (Deuteronomio 5.29). Pero la gente no lo tenía, y mira lo que sucedió.

Después de un año de vivir en el desierto, era tiempo de ir y tomar la Tierra Prometida. El Señor le dijo a Moisés: «Envía tú hombres que reconozcan la tierra de Canaán, la cual yo doy a los hijos de Israel» (Números 13.1). Él dice: «yo doy…» Él no dijo: «espíen la tierra y vean si la pueden tomar.»

Entonces Moisés los envió. Ellos espiaron por cuarenta días, y descubrieron que los habitantes estaban bien establecidos en esta tierra, y las ciudades eran grandes y seguras. Los doce espías vieron la misma gente, los mismos ejércitos, las mismas ciudades grandes y fortificadas y los mismos gigantes. Josué y Caleb estaban listos para ir de una vez y tomar lo que Dios les había prometido. Sin embargo, los otros diez espías fueron intimidados por lo que vieron. Ellos sólo vieron grandes ejércitos y gigantes, mientras que Josué y Caleb vieron cuán bueno y fiel era Dios.

Los diez espías le dijeron a la gente que sería imposible tomar la tierra. Habían sido esclavos por más de 400 años, y no eran habilidosos en la guerra como los ejércitos que habían visto allí. La gente se preocupó de inmediato y comenzó a quejarse:

*«¿Y por qué nos trae Jehová a esta tierra para caer a espada, y que nuestros niños sean por presa? ¿No nos sería mejor volvernos a Egipto?»*

—NÚMEROS 14.3

En este versículo encontramos la raíz del temor del hombre: «¿No *nos* sería mejor…» esta gente estaba intimidada porque sólo pensaban en ellos mismos. Ello no dijeron: «Lo que Dios dice es lo mejor.» En lugar de eso, preguntaron: «¿Qué es lo mejor para nosotros?»

¿Cuán claro puede ser? La raíz del temor del hombre es el amor a uno mismo. Cuando amas tu vida, buscas salvarla. Serás intimidado por cualquier cosa que te amenace.

Dios trajo a esta gente al lugar donde no tenían elección sino sólo confiar en Él. Parecía que serían todos destruidos por los habitantes de esta nueva tierra; pero en lugar de confiar en Dios, actuaron como si Dios los hubiera salvado de los egipcios sólo para ser muertos por los canaanitas. Por supuesto que esto suena ridículo, pero todos nosotros enfrentamos tiempos en los que se nos requiere seguir al Señor en situaciones que parecen peligrosas o dañinas para nuestras vidas.

Sólo podremos seguirlo a Él en aquellas circunstancias cuando hayamos establecido en nuestros corazones que Dios es bueno. Sólo hay bien en Él. Nunca nos hará nada meramente por su beneficio, a nuestras expensas o daño eterno. Debemos recordar, Dios juzga todo por la eternidad, mientras que el hombre juzga durante setenta u ochenta años.

## ¿El rechazo de Dios o el del hombre?

Caleb y Josué eligieron el camino difícil. Dios dijo que tenían un espíritu diferente en ellos y que lo habían seguido plenamente. El resto no quería su poner en riesgo su bienestar por obedecer a Dios. Él fue fiel a Caleb y Josué. Ellos fueron los únicos de esa generación en entrar a la Tierra Prometida (ver Número 14.24,30).

Aquellos que buscan salvar sus vidas, terminan perdiéndolas. Dios pronunció su destino, diciendo: «En cuanto a vosotros, vuestros cuerpos caerán en el desierto ... y conoceréis mi castigo» (Números 14.32,34). Es un asunto serio saber cuántos serán rechazados por Dios porque temieron al rechazo del hombre.

Oro para que todos aprendamos a deleitarnos en el temor de Dios. Porque «el temor de Jehová es manantial de vida para apartarse de los lazos de la muerte» (Proverbios 14.27). En el próximo capítulo verás cómo el temor del Señor te ayudará a caminar en la voluntad de Dios durante el tiempo de intimidación.

## Capítulo 12

# ¿Actuar o reaccionar?

La intimidación puede venir por las circunstancias, los pensamientos o la gente. La mayoría de las personas lucha con la intimidación que proviene a través de otros. El temor del hombre es una descripción adecuada para este tipo de presión.

El temor del hombre provoca que evitemos el rechazo, daño y reproche de parte del hombre, sin considerar el rechazo por parte de Dios. Una persona que le teme al hombre ofenderá al único que no ve, a fin de no ofender a los que sí ve.

Jesús nos exhortó: «Amigos míos: no temáis a los que matan el cuerpo, y después nada más pueden hacer. Pero os enseñaré a quién debéis temer: Temed a aquel que después de haber quitado la vida, tiene poder de echar en el infierno; sí, os digo, a éste temed» (Lucas 12.4,5).

Si le temes al hombre cuando Dios te lleva a una dificultad o prueba, tratarás de protegerte y preservarte a ti mismo. En lugar de hacer la voluntad de Dios, buscarás ejercitar la tuya propia. Sin embargo, si temes al Señor, podrás caminar a través de cualquier dificultad en una

157

forma que honre a Dios. Tu reconocerás que sólo Él podrá guardarte, y confiarás que Él sabe qué es lo mejor en el esquema eterno de las cosas.

Hay una poderosa promesa en Proverbios sobre el temor de Dios.

*«En el temor de Dios está la fuerte confianza; y esperanza tendrán sus hijos. El temor de Jehová es manantial de vida para apartarse de los lazos de la muerte.»*
—PROVERBIOS 14.26,27

Por otro lado, la Escritura dice claramente:

*«El temor del hombre pondrá lazo.»*
—PROVERBIOS 29.25

La intimidación es un lazo o trampa, pero el temor del Señor produce confianza y valentía, las herramientas necesarias que necesitamos para ser libres de la trampa de la intimidación.

## La presión revela

Contrastaré dos reyes. Ambos gobernaron el mismo reino; ambos se postraron delante del mismo Dios. Uno fue rechazado por Dios y el otro estimado por Dios como un hombre conforme al corazón de Dios. Al contrastar esas vidas encontraremos una gran claridad y entendimiento de las diferencias entre el temor de Dios y el del hombre. Miremos a uno de los incidentes más dramáticos y menos estudiados en la vida de Saúl. Esta es la escena: Saúl había estado reinando por dos años. Como en la mayoría de las posiciones, su período de «luna de miel» no reveló su verdadero carácter. Pero con el paso del tiempo sus motivaciones fueron expuestas.

Mientras Saúl estaba en Micmas con sus más prestigiosos guerreros, los filisteos se reunieron para pelear contra él (1 Samuel 13.5-15). Este era el ejército más fuerte que Saúl había enfrentado. El enemigo tenía 30.000 carros y 6000 hombres de a caballos, y la multitud de soldados era comparada a «la arena que está a la orilla del mar». No hace falta decirlo; ¡era un ejército enorme! Enfrentar 30.000 carros es como enfrentar en la actualidad a 30.000 tanques; además, el ejército era tan grande que no podía ser contado. Esta era una vista muy intimidante para el ejército de Israel.

Aterrorizados, los soldados de Saúl se escondieron en cuevas, fosas, peñascos, rocas y cisternas. Estaban abrumados. Algunos huyeron a pie, cruzando el Jordán hacia Gad y de Galaad, mientras aquellos que permanecieron seguían a Saúl temblando de miedo.

Antes de las batallas, como Israel podía hacer súplicas ante el Señor, Samuel había recibido una orden del Señor para Saúl, diciéndole que él debiera estar ahí en un determinado tiempo, para presentar una ofrenda ardiente al Señor. Saúl «esperó siete días, conforme al plazo que Samuel había dicho; pero Samuel no venía a Gilgal, y el pueblo se le desertaba (1 Samuel 13.8).

Bajo presión, Saúl dijo: «Traedme holocausto y ofrendas de paz.» Él ofreció el holocausto y tan pronto como lo hizo, Samuel llegó.

Samuel le preguntó qué había hecho. Mira cuidadosamente la respuesta de Saúl:

> *«Porque vi que el pueblo se me desertaba, y que tú no venías dentro del plazo señalado, y que los filisteos estaban reunidos en Micmas, me dije: Ahora descenderán los filisteos contra mí a Gilgal, y yo no he implorado el favor de Jehová. Me esforcé, pues, y ofrecí holocausto.»*
> —1 SAMUEL 13.11,12

Samuel entonces reprendió a Saúl, diciéndole que lo que había hecho era tonto por no haber guardado el mandamiento del Señor.

Ahora que hemos repasado lo que sucedió, imagínate a ti mismo en la posición de Saúl. Eres el líder. Tú y tu ejército han enfrentado una gran fuerza armada por más de siete días. Ya te encuentras grandemente en desventaja, y cada día las filas del enemigo crecen, mientras que las tuyas disminuyen. Tus hombres están asustados del enemigo y «dan parte de enfermo». Y los pocos que quedan están temblando de terror. Estás esperando al profeta de Dios y este no aparece en el tiempo de ofrecer el sacrificio.

Hay una tremenda presión sobre ti. Es una situación de una «prensa de aceite». Los que están a tu alrededor te impelen: «¡Haz algo o todos moriremos!» ¿Esperarás como el Señor mandó, o harás un movimiento para salvarte?

Esta era la situación que enfrentaba el rey Saúl (ver 1 Samuel 13.1-8). Desafortunadamente, él se quebró debajo de la presión. En desobediencia, él mismo ofreció los sacrificios. Mira a las excusas: «...ahora descenderán los filisteos contra mí ... me esforcé...» (1 Samuel 13.12). Él hizo los sacrificios para hacer aparecer bueno ante la gente, y trató de parecer espiritual con Samuel, diciendo «me esforcé.» En realidad, él reaccionó y cayó dentro de una trampa de intimidación.

## «¡Haz algo!»

La mayoría de la gente, en un momento u otro, enfrenta este tipo de situaciones. ¿Haz pensado alguna vez: «Sé que Dios me está diciendo que espere, pero tengo que hacer algo para cambiar la situación en la que estoy»?

He estado en situaciones en la que amigos y otros bajo mi autoridad me han rogado: «¡John, tienes que hacer algo!» Pero en mi corazón , yo sabía que Dios no estaba diciendo lo mismo. Él estaba callado.

Una de las cosas más difíciles de hacer es esperar en Dios, ¡especialmente cuando Él no está diciendo nada!

Esto es particularmente cierto ahora. Con nuestros vastos recursos y dinero en Norteamérica, usualmente podemos hacer que algo pase aun si Dios no se está moviendo. Podemos crear algo que parezca ser de Dios con la fuerza de nuestros talentos naturales y habilidades —y sin que Dios esté involucrado.

Cuando llega el momento de tomar decisiones, con frecuencia no podemos encontrar el capítulo y el versículo que nos diga qué hacer. Debemos conocer lo que Dios nos está diciendo a cada momento. Pero cuando Dios pareciera que no está hablando, ¡realmente lo está haciendo! Está diciendo: «Continúa haciendo exactamente lo que dije que hicieras; ¡nada ha cambiado!» Esto llega a ser especialmente difícil cuando estamos bajo intimidación.

Quiero compartir una palabra que el Señor me dio un día de Año Nuevo. Estaba en el exterior quedándome dormido, exhausto por el viaje de cuarenta y seis horas y una agenda que incluía dos ministraciones diarias. Repentinamente me desperté de mi profundo sueño a las dos de la mañana. Sabía que sólo el Señor podía haberme despertado de esa forma, porque yo estaba extrañamente alerta, después de haber tenido nada más que tres horas de dormir.

El Señor me dio una palabra que normalmente no hubiera compartido, puesto que era personal. Pero creo que el Señor quiere que la comparta para ilustrar el punto. Estoy seguro que fortalecerá a muchos que estén en una situación similar. Aquí está una porción de ella:

*«No has estado enfocado. Esto ha sido parte de tu prueba. No te he permitido enfocarte, para probar y ver si te moverías sin mi dirección. Tu inmovilidad durante mi silencio me ha agradado. Puesto que no te moviste cuando no dije que lo hicieras, y porque no hiciste tus propios planes, deseando que fueran los míos, ahora verás venir una gran concentración. Porque te daré a ti y*

161

*a tu esposa planes grandes y específicos que les traerán
a ambos gran gozo.»*

El Señor me habló en un momento en que mi esposa y
yo nos estábamos sintiendo estancados. Teníamos deseos
y necesidades personales que no estaban siendo satisfe-
chos. Ambos habíamos estado viviendo bajo una extrema
cantidad de presión por un número de años. Algunos amigos quienes, de manera genuina, se preocupaban por nosotros, nos aconsejaron a hacer algunos cambios. Pero no
sentíamos que fueran palabras del Señor. Ellos no estaban
equivocados al decirnos esas cosas. Sólo estaban respon-
diendo a la situación en que nos veían. Esa era nuestra
prueba.

Había cambios que podríamos haber hecho a fin de ali-
viar la presión bajo la que estábamos. Podríamos haber
peleado en contra de nuestras dudas, preguntándonos:
«¿Estamos perdiendo a Dios?» Pero en lo profundo de
nuestros corazones, ambos sabíamos que Dios no nos había instruido para hacer ninguna movida.

Antes de que ese primer mes del nuevo año terminara,
vimos a Dios hacer cosas más allá de nuestras atrevidas
expectativas. No sé si alguna vez he visto suceder tanto en
solo un mes. Parecía que Dios había hecho más en ese mes
que en los últimos cinco años.

Es crucial que no reaccionemos bajo presión. Debemos
actuar de acuerdo a la palabra del Señor.

## Un hombre tras el corazón de Dios

Saúl estaba intimidado. Su reputación, vida y reino estaban en juego. Entonces Dios se movió cuando Dios le había mandado a esperar. Después de que Samuel lo reprendió, pronunció este juicio sobre él:

*«Mas ahora tu reino no será duradero. Jehová se ha*

*buscado un varón conforme a su corazón, al cual Jehová a designado para que sea príncipe sobre su pueblo, por cuanto tú no has guardado lo que Jehová te mandó.»*

—1 SAMUEL 13.14

Saúl no se inclinó a la intimidación en solo un incidente. Él construyó una historia de desobediencia en situaciones de gran presión. En otro incidente él cedió a los deseos del pueblo de tomar el botín de guerra de una ciudad que Dios le había ordenado destruir totalmente. Él no quería perder el favor del pueblo. Cuando fue confrontado por Samuel, admitió: «Yo he pecado; pues he quebrantado el mandamiento de Jehová y tus palabras, porque temí al pueblo y consentí a la voz de ellos» (1 Samuel 11.24). Su próxima declaración muestra claramente que estaba más preocupado por su reputación, más que por su desobediencia. Sus palabras a Samuel traicionaron su corazón: «Yo he pecado; pero te ruego que me honres delante de los ancianos de mi pueblo y delante de Israel» (1 Samuel 15.30).

Repetidamente, Saúl transgredió porque temió al hombre. Cuanto más miedo tenía, más dominante llegaba a ser en su liderazgo. Esto sucede con frecuencia con los líderes que son inseguros. Tratan a la gente duramente para hacer parecer que están en control, cuando realmente están cubriendo su propia intimidación y temor.

Samuel le dijo a Saúl que Dios le daría el reino a un hombre que guardara sus mandamientos (1 Samuel 13.14). David era ese hombre. He escuchado a algunas personas decir que tienen un corazón conforme a Dios, pero yo quiero escuchar a Dios mismo decir lo que dijo de David: un varón conforme al corazón de Dios. Sé que este es el deseo de cada creyente que lo ama. He estudiado cuidadosamente la vida de David, deseando saber qué había en él, que llevó al Señor a alinearse a su lado.

He notado que David se cuidaba de no hacer nada sin escuchar la voz de Dios sobre algún asunto. Nuevamente, vez tras vez, en situaciones de gran presión él buscaba el consejo de Dios (1 Samuel 20-31). Miremos a una de esas situaciones extremadamente angustiosas.

## ¿Puede estar peor?

Durante el último año del reinado de Saúl, David y sus hombres se refugiaron en la tierra de los filisteos. En una extraña vuelta del destino, David y sus hombres fueron convocados con los filisteos, cuando el ejército de estos se reunió para pelear contra los israelitas. Sin embargo, los señores filisteos estuvieron disconformes al ver a los hebreos ir a la guerra con ellos. Entonces le negaron a David y a sus hombres el permiso de pelear con ellos.

A la mañana siguiente las tropas de David salieron para regresar con sus esposas e hijos, quienes estaban en la ciudad de Siclag. El viaje al campo de batalla había sido un fracaso, y David y sus hombres debieron sentirse rechazados. Ellos habían sido desestimados no sólo por su rey y país, sino también por la nación en la que se habían refugiado. David pudo haberse sentido muy solo; un hombre sin país. Ese no fue un día muy agradable. Pero eso no fue nada comparado con lo que estaba a punto de enfrentar. Lee cuidadosamente lo que sucedió cuando regresó a su familia, e imagínate cómo se sintió:

*«Cuando David y sus hombres vinieron a Siclag al tercer día, los de Amalec habían invadido el Neguev y a Siclag, y habían asolado a Siclag y le habían prendido fuego. Y se habían llevado cautivas a las mujeres, y a todos los que estaban allí, desde el menor hasta el mayor; pero a nadie habían dado muerte, sino se los habían llevado al seguir su camino. Vino, pues, David con los suyos a la ciudad, y he aquí que estaba quemada, y sus*

*mujeres y sus hijos e hijas habían sido llevados cauti-*
*vos. Entonces David y la gente que con él estaba, alza-*
*ron su voz y lloraron hasta que les faltaron las fuerzas*
*para llorar. Las dos mujeres de David, Ahinoam jezree-*
*lita y Abigaíl la que fue mujer de Nabal, el de Carmel,*
*también eran cautivas.»*

—1 Samuel 30.1-5

¿Puedes imaginarte el dolor que sintió? Su familia había sido raptada. Todas las cosas queridas habían sido robadas, y lo que quedaba, quemado. No sólo debía preocu-
parse por su propia familia, sino también por las de sus
hombres. Ellos se habían estado sintiendo inútiles y sin un
país, entonces habían regresado para encontrar a sus casas
humeando y todo lo que ellos amaban se había ido. Como
si esto fuera poco, mira lo que sucedió después:

*«Y David se angustió mucho, porque el pueblo hablaba*
*de apedrearlo, porque todo el pueblo estaba en amargu-*
*ra de alma, cada uno por sus hijos y por sus hijas.»*

—1 Samuel 30.6

Ahora los únicos que quedaban, los hombres que había ido a la batalla con él estaban listos para apedrearlo
por dejar a sus esposas e hijos desprotegidos. La situación
no podía estar peor. Esto fue aun más difícil de lo que Saúl
enfrentó. David no tenía ningún ser humano ante quien
abrirse y recostarse. Saúl tenía, al menos, un ejército tem-
bloroso y a su familia, y los suyos no estaban amenazán-
dolo con apedrearlo.

La mayoría de los creyentes llegan a cierto punto en la
vida en que se sienten completamente solos. Creo que
Dios permite que esto suceda. Él no lo provoca, porque no
es el autor del mal, pero se refrenará de intervenir porque
tiene un propósito en esos tiempos de desesperación. David podría haberse rendido, comenzar a perseguir al enemigo u otra forma de apaciguar a sus hombres. Pero mira

lo que hizo en lugar de eso:

> «...*mas David se fortaleció en Jehová su Dios. Y dijo David al sacerdote Abiatar hijo de Ahimelec: Yo te ruego que me acerques el efod. Y Abiatar acercó el efod a David, y David consultó a Jehová, diciendo: ¿Perseguiré a estos merodeadores? ¿Los podré alcanzar? Y él le dijo: Síguelos, porque ciertamente los alcanzarás, y de cierto librarás a los cautivos.*»
>
> —1 SAMUEL 30.6-8

Aun bajo tremenda presión, David no se movería hasta no recibir primero el consejo del Señor. Él se fortalecía volviéndose al Señor. Se recordó a sí mismo de la fidelidad de Dios y del pacto. Entonces inquirió qué debía hacer. Dios le dijo: «Síguelos.»

David los siguió, «y libró David todo lo que los amalecitas habían tomado, y asimismo libertó David a sus dos mujeres. Y no les faltó cosa alguna, chica ni grande, así de hijos como de hijas, del robo, y de todas las cosas que le habían tomado; todo lo recuperó David» (1 Samuel 30.18,19).

Lo que había parecido sin esperanza se convirtió en una gran victoria. Nada es muy difícil para nuestro Dios. David le temía a Dios más que a sus hombres. Esto sólo le dio confianza para volverse a Dios primero. Fue muy diferente a la reacción de Saúl ante la presión.

David *actuó*, mientras que Saúl *reaccionó*. David pudo actuar y no reaccionar porque sabía lo que Dios estaba diciendo. Cuando tenemos la mente de Cristo estamos equipados con la valentía para actuar y no reaccionar.

## Dominio propio

En un capítulo anterior descubrimos que es necesaria la audacia para quebrar la intimidación; no la audacia natural sino la alimentada con las virtudes santas del poder, el amor y el dominio propio. Este fue nuestro versículo clave:

> *«Por lo cual te aconsejo que avives el fuego del don de Dios que está en ti por la imposición de mis manos. Porque no nos ha dado Dios espíritu de cobardía, sino de poder, de amor y de dominio propio.»*
>
> —2 TIMOTEO 1.6,7

Miremos cómo estas tres cosas produjeron la valentía en David que lo llevó a resistir cualquier intimidación que enfrentaba.

- *Poder. Él conocía a Dios y sabía que era más grande y poderoso que cualquier cosa que pudiera enfrentar.*
- *Amor. Él amaba a Dios más que a sí mismo.*
- *Dominio propio. No se movería hasta que tuviera la palabra o la mente del Señor, no importa cuán grande fuera la presión.*

Cuando nuestros espíritus están llenos con el poder, el amor y la palabra del Señor, no caeremos presas de la intimidación. No es simplemente una de esas virtudes, sino la combinación de las tres la que nos sostiene. Pablo habría mencionado sólo una si eso fuero lo necesario. Para caminar en audacia o valentía santa necesitamos las tres. Ya hemos visto el poder y el amor en detalle. Vayamos ahora a ver la mente del Señor.

*«El dominio propio conoce
lo que Dios dice y hace
precisamente ahora»*

## Capítulo 13

# El espíritu del dominio propio

«Nada intimida más que la ignorancia.»[1] La ignorancia es la falta de conocimiento. El valor del conocimiento es mencionado con frecuencia en las Escrituras. Proverbios 24.5 dice: «El hombre sabio es fuerte, y de pujante vigor el hombre docto.» Y Proverbios 11.9 nos recuerda que «los justos son librados con la sabiduría». El conocimiento te da las fuerzas que necesitas para escapar de la trampa de la intimidación.

Toma consciencia de que hay un conocimiento natural y un conocimiento espiritual. El conocimiento y la sabiduría espirituales sobrepasan al conocimiento y la sabiduría naturales. Es por eso que las llamamos *sobrenaturales*. Es superior a lo natural.

En 2 Timoteo 1.6,7, Pablo le menciona a Timoteo los tres elementos clave que se requieren para conquistar el temor (intimidación): amor, poder y dominio propio. Este capítulo cubre el último de los elementos: el espíritu del dominio propio.

¿Qué es el dominio propio? ¿Es el conocimiento de

las Escrituras? Los discípulos eran considerados pescadores ignorantes, sin embargo, el grupo más educado en Israel, el Sanedrín, estaba perplejo por su sabiduría y audacia.

> *«Entonces viendo el denuedo de Pedro y de Juan, y sabiendo que eran hombres sin letras y del vulgo, se maravillaban; y les reconocían que habían estado con Jesús.»*
>
> —Hechos 4.13

Un hombre llamado Esteban, quien servía las mesas de las viudas, impresionó grandemente a los instruidos líderes de la sinagoga. La Biblia nos relata esto: «Pero no podían resistir a la sabiduría y al espíritu con que hablaba» (Hechos 66.10).

Inmediatamente vemos que este espíritu de dominio propio no nace de la sabiduría natural o de un adiestramiento especia en las Escrituras. Entonces, ¿de dónde viene el espíritu de dominio propio?

## Conocimiento revelado

El dominio propio viene por conocer la mente de Cristo. El conocimiento de las Escrituras solamente no es conocer la mente de Cristo. Nos fue dicho que «...la letra mata, mas el espíritu vivifica» (2 Corintios 3.6). La letra son las Escrituras.

Los fariseos poseían un gran conocimiento de las Escrituras, sin conocer el espíritu de ellas. Por lo tanto, su ministerio producía muerte. Alejaba a la gente del corazón de Dios, en lugar de acercarlos a Él. Ellos separaban a la gente de Dios con su conocimiento legalista, representando a Dios tan como lo percibían; con sus cabezas, no con sus corazones.

Jesús declaró: «No solo de pan vivirá el hombre,

sino de toda palabra de sale de la boca de Dios» (Mateo 4.4). El no dice «salió». Eso sería tiempo pasado. Las Escrituras solo son lo que *sale* de la boca de Dios. Él dijo: «sale», lo cual es tiempo presente. Debemos conocer al Señor de las Escrituras, para saber lo que está saliendo de su boca hoy día.

Jesús dijo en Juan 16.13,14: «Pero cuando venga el Espíritu de verdad, él os guiará a toda la verdad; porque no hablará por su propia cuenta, sino que hablará todo lo que oyere, y os hará saber las cosas que habrán de venir. Él me glorificará; porque tomará de lo mío y os lo hará saber.» Jesús dice: «todo lo que oyere», y no «todo lo que oyó». Con la ayuda del Espíritu Santo podemos saber lo que Jesús está diciendo.

Puedes preguntar, entonces: «¿Qué hay de bueno en las Escrituras?» Son pautas directrices para asistirnos y dirigirnos. Son inspiradas por Dios y al ser avivadas por el Espíritu Santo se hacen vivas en nuestros corazones y no sólo en nuestras cabezas. Son el estándar que usamos para confirmar lo que hemos oído del Espíritu de Dios. El Espíritu Santo nunca hablará algo contrario a las Escrituras. Pero podemos trabarnos cuando limitamos lo que el Espíritu Santo puede decir o hacer a lo que cabe en nuestro entendimiento mental de las Escrituras. Este fue el error de los fariseos.

## Conocer el capítulo y el versículo no es suficiente

Los fariseos eran muy instruidos. De hecho, ¡memorizaban los primeros cinco libros del Antiguo Testamento! Ellos habían investigado en las Escrituras y estaban ansiosos esperando al Mesías. Sin embargo, lo esperaban según el entendimiento mental que tenían de las Escrituras. Conocían lo que Isaías había profetizado:

*«Porque un niño nos es nacido, hijo nos es dado, y el principado sobre su hombro; y se llamará su nombre Admirable, Consejero, Dios fuerte, Padre Eterno, Príncipe de paz. Lo dilatado de su imperio y la paz no tendrán límite, sobre el trono de David y sobre su reino, disponiéndolo y confirmándolo en juicio y en justicia desde ahora y para siempre. El celo de Jehová de los ejércitos hará esto.»*

—ISAÍAS 9.6,7

Su Mesías establecería su reino terrenal, los liberaría de la opresión romana, y se sentaría en el trono de David. Entonces, cuando Jesús vino como un carpintero, de Nazaret de Galilea, acompañado por discípulos que consistían de ignorantes pescadores y recolectores de impuestos, ellos tropezaron.

Esos fariseos confrontaron a Jesús de forma constante, con temas que habían inventado de su entendimiento mental de las Escrituras. Estaban seguros de que el Mesías sería un gran líder nacional. Así que confrontaron a Jesús con preguntas tales como: «Si eres el Mesías, ¿dónde está el reino que se supone que establecerás?» «¿Por qué no te sientas en el trono de David?»

Jesús respondió: «El reino de Dios no vendrá con advertencia, ni dirán: Helo aquí, o helo allí; porque he aquí el reino de Dios está entre vosotros (Lucas 17.20-21). Ahora podemos entender esto hoy día porque tenemos el privilegio de saber que Jesús murió y resucitó nuevamente, pero esos hombres creían de verdad que estaban en lo correcto. Sin embargo, sacaban su confianza de su conocimiento mental de las Escrituras; no tenían el entendimiento del Espíritu.

## Revelado por el Espíritu

Un hombre llamado Simeón también estaba buscando al Mesías. Él no era tan instruido como los fariseos, pero miremos lo que la Biblia dice acerca de él:

> «*Y he aquí había en Jerusalén un hombre llamado Simeón, y este hombre, justo y piadoso, esperaba la consolación de Israel; y el Espíritu Santo estaba sobre él. Y le había sido revelado por el Espíritu Santo, que no vería la muerte antes que viese al ungido del Señor. Y movido por el Espíritu, vino al templo. Y cuando los padres del niño Jesús lo trajeron al templo, para hacer por él conforme al rito de la ley, él le tomó en sus brazos, y bendijo a Dios, diciendo: Ahora, Señor, despides a tu siervo en paz, conforme a tu palabra; porque han visto mis ojos tu salvación ... y José y su madre estaban maravillados de todo lo que se decía de él.*»
> —Lucas 2.25,30,33

Cuando Jesús fue llevado para ser dedicado al Señor, Él tenía una edad que estaba entre los seis meses y dos años. El templo era enorme; una cantidad de edificios formaban el área del templo. Comúnmente había cientos —y hasta miles— de personas en el área.

Ahora imagínate esto: viene un carpintero y su esposa, de Galilea, trayendo un bebé de unos seis meses de edad. Ellos están en medio de una multitud en el templo cuando este hombre, Simeón, corre para alzar al bebé y profetizar «¡el Mesías!» Puedes entender por qué José y María se maravillaron.

Simeón no se enteró de que el Mesías estaba viniendo al leer el libro «*Ciento un razones por qué el Me-*

*sías vendrá en el año 4 a.C.»* Tampoco recibió esta información estudiando las Escrituras. Él sabía que el Mesías estaba llegando, por revelación del Espíritu Santo. Él fue al templo bajo la dirección y guía del Espíritu Santo.

Aquí tenemos un hecho admirable en el cual pensar. Este hombre que no era un experto en la ley, reconoció a Jesús como el Mesías cuando tenía seis meses de edad, no obstante, treinta años después los fariseos no pudieron reconocer al Mesías mientras Él echaba fuera demonios, sanaba al enfermo, abría ojos y resucitaba gente de la muerte. Esta es la diferencia entre tener la mente del Señor o tener un conocimiento mental de las Escrituras.

¿Puede ser que nosotros hayamos hecho con el Nuevo Testamento lo que los fariseos hicieron con el Antiguo? ¿Hemos limitado nuestro conocimiento de Dios a nuestra doctrina, aun en las iglesias llenas con el evangelio integral? La doctrina no establece nuestra relación con Dios. ¡Sólo la define! Cuando digo «sí» en mi boda, ¡no tengo un manual en la mano! Sencillamente, comienzo una relación personal con mi esposa.

¿Debiéramos dejar de leer nuestras Biblias? ¡Absolutamente no! Pero tal vez necesitamos leerlas en forma diferente. Cuando tomo mi Biblia, siempre oro pidiéndole al Espíritu Santo que me revele la Palabra del Señor. Mientras leo, las verdades explotan en mi corazón. Esas verdades son la Palabra por las que debo vivir.

La mente de Cristo sabe lo que Dios está haciendo y diciendo justo ahora. Sólo el Espíritu de Dios puede revelar esto. Puede comunicarlo por las Escrituras, puede hablar la palabra a mi corazón por medio de un conocimiento interior, en su suave voz. Cuando sabemos lo que Dios está diciendo, estamos fundados en una roca firme.

## Él habla con autoridad

Los evangelios relatan repetidamente cómo Jesús hablaba con autoridad. Mira a uno de tales incidentes.

> «*Y cuando terminó Jesús estas palabras, la gente se admiraba de su doctrina; porque les enseñaba como quien tiene autoridad, y no como los escribas.*»
> —MATEO 7.28,29

No sólo hablaba con autoridad sino que también se movía con ella. Miremos a otra ocasión.:

> «*Y estaban todos maravillados, y hablaban unos a otros, diciendo: ¿Qué palabra es esta, que con autoridad y poder manda a los espíritus inmundos, y salen?*»
> —LUCAS 4.36

Él vivía y se movía con tal autoridad que fue reconocida por un centurión romano. Este le dijo a Jesús que si sólo decía una palabra, su siervo sería sanado (Mateo 78.5-10). Este romano entendió la fuente de la autoridad de Jesús. Esta autoridad no se limitaba a Él mismo, sino que era provista por Dios. Esto se debía a que Jesús estaba totalmente sometido al Espíritu Santo, quien le revelaba la voluntad de su Padre.

El centurión dijo: «Porque también yo soy hombre bajo autoridad, y tengo bajo mis órdenes soldados.» Jesús se maravilló al escuchar eso. Este comandante se dio cuenta de que la única forma de tener autoridad es estar bajo autoridad. Jesús operaba con autoridad porque estaba bajo autoridad. Él estaba en completa sumisión al Espíritu Santo, quien revelaba la voluntad del Padre. Él dijo:

*«Porque yo no he hablado por mi propia cuenta; el Padre que me envió, él me dio mandamiento de lo que he de decir, y de lo que he de hablar.»*

—JUAN 12.49

Y nuevamente:

*«No puedo hacer yo nada por mí mismo; según oigo, así juzgo; y mi juicio es justo, porque no busco mi voluntad, sino la voluntad del que me envió, la del Padre.»*

—JUAN 5.30

Él explicó claramente que su autoridad venía de su Padre:

*«¿No crees que yo soy en el Padre, y el Padre en mí? Las palabras que yo os hablo, no las hablo por mi propia cuenta, sino que el Padre que mora en mí, él hace las obras.»*

—JUAN 14.10

*«De cierto, de cierto os digo: No puede el Hijo hacer nada por sí mismo, sino lo que ve hacer al Padre; porque todo lo que el Padre hace, también lo hace el Hijo igualmente.»*

—JUAN 5.19

Recuerda, aunque Él es el Hijo de Dios, vivió como un hombre lleno del Espíritu de Dios. Se despojó a sí mismo de todos los privilegios divinos. No obstante, portaba una autoridad que provocaba que la gente se maravillara. Esto es porque Él sólo hablaba y actuaba tal como el Espíritu de Dios lo guiaba. Nunca se dejó intimidar porque Dios nunca tiene miedo o se intimida. No hay nadie más fuerte, poderoso y sabio que Dios.

Jesús permaneció en su autoridad aun cuando los

fariseos trataron de intimidarlo con sus preguntas religiosas y engañosas. Trataron de atraparlo en sus propias palabras, buscando desacreditarlo. Pero no importa cuán inteligentes eran sus trampas, Él siempre contestaba por el Espíritu Santo, quebrando su intimidación. Él los confundió con sabiduría hasta que frustrados abandonaron sus intentos de intimidarlo.

> *«Y nadie le podía responder palabra; ni osó alguno desde aquel día preguntarle más.»*
>
> —MATEO 22.46

## Como el Padre me envió...

Ahora las noticias excitantes: «Como me envió el Padre, así también yo os envío» (Juan 20.21). estamos para vivir, hablar y movernos como Él lo hizo. Es por esto que nos anima:

> *«Proponed en vuestros corazones no pensar antes cómo habéis de responder en vuestra defensa; porque yo os daré palabra y sabiduría, la cual no podrán resistir ni contradecir todos los que se opongan.»*
>
> —LUCAS 21.14,15

El motivo por el que algunos no hablan, enseñan o predican con autoridad es que estudian el mensaje de la Biblia, luego relatan su entendimiento mental de estas Escrituras. Hablan de lo que Dios dijo e hizo, en lugar de lo que Él está diciendo o haciendo. Sólo cuando hablemos por el Espíritu de Dios hablaremos con autoridad.

> *«...porque él dijo: No te desampararé, ni te dejaré; de manera que podemos decir confiadamente: El Señor es mi ayudador; no temeré lo que me pueda hacer el hombre.»*
>
> —HEBREOS 13.5,6

Mira con cuidado esas palabras nuevamente. Podemos hablar con confianza y autoridad cuando conocemos lo que Él está diciendo. La garantía de su palabra nos da confianza. Dios nos ha asegurado que cuando conocemos lo que Él dice, _y cuando creemos— Él siempre estará con nosotros, de manera que, confiadamente, podemos declarar: «No temeré lo que me pueda hacer el hombre.» Cuando vivimos en esta confianza no podemos ser intimidados.

## Fariseos de los días actuales

En cierta ocasión se me acercaron algunos de los que llamo «fariseos de la actualidad», quienes no tienen el Espíritu. (Ellos pueden decir que hablan en lenguas, pero aún no tienen el Espíritu de Dios.) Pueden citar capítulos y versículos más rápido que la mayoría.

Esta gente me ha confrontado con preguntas sobre lo que acababa de predicar, o sobre algo que he escrito. No me estoy refiriendo a la gente que hace preguntas para aprender o porque no entendieron. A esos les doy la bienvenida. No; me refiero de aquellos que hacen todo según sus propios parámetros religiosos, rechazando a cualquiera o a cualquier cosa que no encaja en su molde doctrinal.

He notado que la conversación puede ir en una de dos direcciones: primero, puedo entrar en una discusión mental de las Escrituras, y me desgasto, especialmente si son bien versados en el punto que están tratando de probar. Ellos prevalecerán y yo seré intimidado. ¡He aprendido a no ser tomado en esto!

La otra forma de responder es mirar al Espíritu Santo y hablar lo que he escuchado en mi corazón. Entonces la sabiduría de Dios sale y sus argumentos cesan. La sabiduría de Dios siempre vendrá de las

Escrituras, pero tiene vida inspirada en ella por el Espíritu Santo.

Años atrás estaba con otro ministro en una avión. Encontramos a una mujer judía, muy extrovertida e ingeniosa. Entramos en una intensa conversación con ella sobre el Señor Jesús. Nosotros disparábamos declaraciones a diestra y siniestra uno a otro, intentando probar que Jesús era el Mesías. Todo esto mientras ella intentaba probar que las reclamaciones de Jesús eran falsas.

De repente me di cuenta de lo que estaba haciendo. Supe que esta discusión mental no iría a ningún lado. Así que miré a mi interior buscando la guía del Espíritu Santo, y Él me reveló lo que debía hablar. La miré y compartí las palabras que Él me había dado. Mientras lo hacía, mi voz cambió, y una autoridad vino sobre lo que estaba diciendo. Tan rápido como ella escuchó estas palabras, sus ojos se agrandaron y quedó en silencio. Todo nuestro debate no la había ayudado. Pero cuando la palabra del Señor vino, ella fue inmediatamente ministrada.

Luego de que salimos del avión, el ministro con el que estaba viajando dijo: «John, pude sentir la presencia del Señor cuando dijiste esas palabras. ¿Te diste cuenta que ella no tuvo más nada que decir?» No quedes atrapado en una discusión inútil, gobernada o dirigida por un entendimiento mental de las Escrituras. En lugar de eso deja que el Espíritu Santo te guíe a la sabiduría espiritual.

*«Lo cual también hablamos, no con palabras enseñadas por sabiduría humana, sino con las que enseña el Espíritu, acomodando lo espiritual a lo espiritual … en cambio el espiritual juzga todas las cosas, pero él no es juzgado de nadie. Porque ¿quién conoció la mente del Señor? ¿Quién le instruirá? Mas nosotros tenemos la*

*mente de Cristo.»*

—2 CORINTIOS 2.13,15,16

El hombre que tiene la mente de Cristo no puede ser juzgado o intimidado. Podría compartir numerosos incidentes en los que yo hubiera sido intimidado si no hubiera mirado al Espíritu de Dios.

Somos amonestados a caminar como Jesús caminó (1 Juan 2.6). Jesús sólo hizo lo que vio hacer al Espíritu Santo. Si hacemos eso, tendremos la mente de Cristo, y poseeremos la audacia que necesitamos para vencer la intimidación y el control.

## Señor, ¿qué haré?

Con frecuencia enfrentamos situaciones que nos paralizarían, rindiéndonos, incapaces de completar lo que Dios ha puesto delante nuestro, si no tenemos la mente de Cristo. Enfrenté uno de tales desafíos en México.

Fui invitado a Monterrey, México, para unas reuniones evangelísticas a lo largo de la ciudad. Fui sólo por una noche, y debí pagar mis gastos. Usé la mitad del día orando. Mientras lo hacía, vi una oscura nube sobre el edificio donde nos reuniríamos. Le pregunté al Señor qué era eso. Él me explicó: «John, esa es la oscuridad que está peleando contra esta reunión. Continúa orando.»

Una unción muy fuerte vino sobre mí, fortaleciéndome para orar. A los treinta minutos vi algo más: una columna de luz fue desde la punta del edificio, derecho hasta el cielo. Nuevamente, le pregunté al Señor qué era eso: «Esa es mi inocultable gloria, viniendo a la reunión de la noche», Él dijo a mi espíritu. Me encontraba muy excitado.

El servicio estaba programado para comenzar a las

6:00 de la tarde. Llegamos un poco temprano, sólo para ser «saludados» por la noticia de que un oficial del gobierno quería ver al pastor que había organizado las reuniones. Este oficial estaba acompañado por otros dos uniformados. El pastor y yo fuimos a encontrarnos con ellos. El oficial habló por un momento en español con el pastor. Luego se dirigió a mí en inglés: «¿Habla español?»

«No, señor», respondí.

Entonces me ordenó: «Usted no le dirá nada a esta multitud esta noche, excepto sobre actividades relacionadas al turismo.

Luego se dio vuelta hacia el pastor y habló con él. Miré al pastor. Él no parecía muy feliz. De hecho, parecía asustado.

Cuando el oficial terminó, se fue con los otros dos. El pastor me llevó hacia un costado y me dijo: «John, este hombre es un oficial del go0bierno, y dijo que no puedes predicar. Hay una ley en México que dice que, si no eres ciudadano, no puedes predicar aquí sin un permiso escrito.» Continuó diciendo: «Es una ley que generalmente no es cumplida, pero este hombre obviamente no te quiere aquí, y él la está poniendo en práctica. También dijo que te quiere en su oficina a las 9:00 de la mañana del lunes.»

Yo no podía creer lo que estaba escuchando. Inmediatamente le dije al pastor: «Mira, yo no volé todo el camino hasta aquí parta no predicar. Si estás preocupado sólo por mí, entonces déjame predicar.»

El pastor dijo: «John, esto también podría afectar a mi iglesia. Él podría causarnos muchos problemas. Es un oficial de alto rango. Es mejor que no te permitamos predicar.» este pastor estaba intimidado, y yo no podía hacer nada, sino orar, ya que él era la autoridad sobre esa reunión.

Salí fuera del edificio, un gimnasio ubicado en el centro de Monterrey. Había un mástil de bandera en el frente, y comencé a caminar a su alrededor. Sabía que Dios me había mostrado su gloria manifestada en ese servicio. Sabía que Dios me había instruido de que fuera. Pero no sabía qué hacer ahora. Los pensamientos seguían dando vueltas en mi mente: ¿podría este intimidante oficial mantenerme fuera de lo que Dios me envió a hacer? Entonces pensé: «*Este hombre no puede detener lo que Dios me ha mostrado en oración.*» Luché a diestra y siniestra. «*¿Qué debo hacer?*»

Luego dije: «Padre, no sé qué hacer, pero tú no estas sorprendido por esto. Tú ya sabías que esto sucedería. Así que necesito tu sabiduría y consejo para esta situación.» Comencé a orar en el espíritu. Esta escritura vino a mi mente:

«*Como aguas profundas es el consejo en el corazón del hombre, mas el hombre entendido lo alcanzará.*»
—PROVERBIOS 20.5

Jesús dijo que los creyentes tendrían ríos de agua viva fluyendo en sus corazones (Juan 7.38). Necesitaba el río del consejo de Dios. Necesitaba la mente de Cristo. Predicando en lenguas, esto saldría.

Después de predicar por varios minutos, mi mente estaba lo suficientemente quieta como para escuchar más. Este pensamiento burbujeó desde mi corazón: «*Dile a la gente acerca del mayor turista que alguna vez visitó México.*»

Grité fuertemente: «¡Eso es! El hombre dijo que yo podía hablar acerca de turismo. Les diré acerca del mayor turista que alguna vez vino a México: ¡Jesucristo!» el gozo se levantó en mi interior, y comencé a reír.

Corrí al interior del edificio. Para mi deleite, Dios ya había trabajado en el pastor. Él dijo: «Dios me habló y me dijo que te dijera que hicieras lo que Él te dice.»

Comencé el servicio diciendo: «Se me ha dicho que sólo puedo hablarles acerca de actividades relacionadas al turismo. Así que esta noche quiero contarles acerca del mayor turista que alguna vez vino a México.»

Prediqué de Jesús como Señor y Salvador durante una hora. Muchos respondieron al llamado de recibir a Jesús como Señor y Salvador. Había un hombre discapacitado en el grupo. Luego de que oré por aquellos en el grupo que recibían a Cristo, el Señor me habló: «Aquí está el primer hombre que quiero que sanes.»

Lo miré y dije: «Señor, el Espíritu de Dios dice que quiere sanarlo.» Impuse manos sobre él y oré. Entonces lo tomé de la mano y comenzamos a caminar. Él era muy cuidadoso al principio. Luego se movió cada vez más rápido. Pronto estaba caminando. Luego corrimos juntos. Finalmente, solté su mano y él corrió solo.

La multitud se enardeció. Personas con todas clases de enfermedades y dolencias corrían al frente. En toda esta confusión perdí a mi intérprete. Un par de cientos de personas habían tomado por asalto la plataforma. Muchos fueron sanados, incluyendo una mujer que había estado sorda de un oído desde su nacimiento, y parcialmente sorda del otro. Ella lloró hasta que su camisa quedó empapada con sus lágrimas. ¡Fue maravilloso!

Yo no sabía que el oficial del gobierno había enviado dos hombres a la reunión, a fin de arrestarme si yo predicaba. Ellos llegaron justo cuando me encontraba orando por el hombre discapacitado. Un ujier los vio y los escuchó decir: «miremos lo que hace antes de arrestarlo.»

Cuando vieron al hombre paralítico sanar, uno le

preguntó al otro: «¿Piensas que esto es real?» Se acercaron y continuaron observando lo que Dios estaba haciendo.

Cuando vieron a la mujer sorda sanada y llorando, uno dijo: «Pienso que esto es cierto.»

Luego un niño de cinco años cayó en el piso, obviamente bajo el poder de Dios. Viendo esto, ellos estuvieron de acuerdo: «¡Esto es real!» Y estos dos hombres que habían sido enviados para arrestarme pasaron al frente, pidiendo oración. ¡Aleluya!

Dejé el país al día siguiente, y no me importó faltar a la cita con el oficial. A la semana siguiente el pastor mexicano voló hacia los Estados Unidos trayendo una copia del periódico de Monterrey. Me leyó un artículo en la primera sección acerca de nuestra reunión. El periódico reportaba que el oficial del gobierno decía que yo era un fraude, y que todo lo que buscaba era dinero. (Había sido guiado a no tocar un sólo centavo del país, cubriendo yo mismo mis propios gastos. Después de escuchar esto, entendí por qué.) Sin embargo, el periódico continuaba diciendo que sus propios reporteros vieron gente siendo genuinamente sanada. ¡Gloria sea a Dios!

El oficial del gobierno intentó detenerme con sus trampas intimidantes. Si el pastor y yo hubiéramos caído bajo el control de esas trampas, el don de Dios en nuestras vidas habría permanecido dormido. Nadie podría haber sido salvo o ministrado en esa noche. La palabra de Dios, la que me habló por su espíritu, me había dado la valentía para quebrar la intimidación descargada en mi contra. Este es el poder del dominio propio.

*«Lo que el hombre considera insignificante,
Dios lo usa para realizar lo imposible»*

## Capítulo 14

# ¡Adelante!

Nehemías era un judío que vivía en tiempos cuando Israel estaba en cautiverio. Varios años antes los babilonios habían venido y destruido totalmente Jerusalén. Ellos mataron o llevaron cautivos a la mayoría de sus habitantes. Las murallas fueron incendiadas y derribadas. La ciudad estaba en ruinas.

Dios había puesto en el corazón de Nehemías que regresara a Jerusalén y reconstruyera las murallas de la ciudad. c había servido fielmente a un rey extranjero y se había ganado su favor. El rey le dio permiso para ir y cumplir lo que Dios había puesto en su corazón. Nehemías partió inmediatamente para Jerusalén y reunió al remanente de Israel, animándolos a que restauraran todo lo que el enemigo había destruido.

Ellos estaban bajo gran resistencia. Tres oficiales locales, llamados Sanbalat, Tobías y Gesem no querían las paredes reconstruidas. Se oponían a la prosperidad de Israel. Estaban determinados a detener a Nehemías y al remanente de Dios, y tramaron varios complots para intimidarlos.

Cuando estos líderes se enteraron de estos planes, Nehemías reportó: «hicieron escarnio de nosotros, y nos despreciaron» (Nehemías 2.19). No sólo trataron de desanimar a Nehemías y a sus hombres, sino que también trataron de hacerlos parecer tontos a los ojos de la gente. Se burlaron de ellos con declaraciones menospreciativas. «Lo que ellos edifican del muro de piedra, si subiera un zorra lo derribará» (Nehemías 4.3).

Con frecuencia la gente trata de intimidarte riéndose de ti, o tomando livianamente lo que estás haciendo. Ellos pueden burlarse de ti y cuestionar tu habilidad para realizar todo lo que Dios ha puesto en tu corazón. Pueden hacer esto en frente tuyo, o pueden desparramar burlas entre otros. O tal vez no es una persona o grupo lo que te resiste, pero estás luchando con tu propia mente, mientras es bombardeada con pensamientos tales como: «¿Qué pensará la gente? ¿Se reirán de mí? ¿Fallaré?»

En esta situación es importante que conozcamos lo que Dios nos ha instruido a hacer, recordando que «lo débil del mundo escogió Dios, para avergonzar a lo fuerte» (1 Corintios 1.27). Lo que el hombre considera insignificante, Dios lo usa para realizar lo imposible. ¡Entonces Él tiene toda la gloria!

Nehemías ayunó y oró hasta que tuvo la mente del Señor. Entonces pudo refutar audazmente a sus adversarios. «Y en respuesta les dije: el Dios de los cielos, él nos prosperará, y nosotros sus siervos nos levantaremos y edificaremos porque vosotros no tenéis parte ni derecho ni memoria en Jerusalén» (Nehemías 2.20).

Cuando ellos se dieron cuenta de que no podían detener a Nehemías, y que los israelitas estaban progresando en su trabajo, se enojaron. Ya no se estaban riendo, porque ya no era divertido. Se complotaron para tirar abajo el proyecto entero, atacando la ciudad. (Nehemías 4.7,8).

El enojo es otra arma de la intimidación. Puede ser empuñado contra ti para detenerte o disuadirte. De este enojo puede venir trampas explícitas u ocultas. Esta distracción es un arma muy efectiva de la intimidación. He visto muchas veces cómo la gente se retrae de lo que sabían que era correcto o que debían hacer, para evitar la ira de otros. Hacen concesiones especiales para conservar la falsa paz.

## Presión desde afuera y desde adentro

Nehemías no sólo debió enfrentar estos ataques de los impíos externos, sino también tuvo problemas que surgían entre sus propios hombres por las condiciones que enfrentaban. Con frecuencia, cuando Dios nos encomienda algo enfrentamos resistencia y oposición externa e interna.

Los hombres de Nehemías se habían cansado. Estaban enfrentando mucho escombro que detenía el progreso (Nehemías 4.10). También había otro problema: sus obreros saludables pusieron presión financiera sobre las familias que tenían deudas, cargándoles grandes sumas de intereses en los campos que habían cultivado (Nehemías 5.1-8). Esto desanimó a los hombres cuyas familias sufrían. Estos problemas internos hicieron aun más difícil el resistir la coerción y el desánimo proveniente de los enemigos.

## Intimidación por todos lados

He estado en situaciones como estas. Cuando al principio comencé a viajar, se me pidió que ayudara a una iglesia que había perdido su pastor. Estaba en una pequeña ciudad de 800 habitantes en el medio de ningún lado. Después de dos servicios, cada adolescente allí se había arrepentido y experimentado el poder de Dios, así como muchos adultos. A causa de lo que Dios estaba haciendo, la asistencia se duplicó, llegando a casi 100 personas. Mi esposa y yo sentimos tal compasión por estas personas que nos ofrecimos a cancelar nuestras próximas seis semanas de reuniones y quedarnos allí para construir un fundamento fuerte en esa iglesia, a fin de prepararla para un nuevo pastor.

A algunas personas de la junta no les había gustado lo que yo había predicado. Un hombre estaba molesto porque cuando él vino al tercer servicio, todos los adolescentes estaban sentados en las primeras filas de la iglesia, donde normalmente se sentaba él con su esposa. Antes, estos jóvenes habían estado sentados en el fondo.

Otros sintieron que yo ministraba muy duro. El tema de fondo era que los hombres en la junta querían controlarme. Querían gobernar la iglesia de acuerdo a su forma. Después de varias reuniones con ellos, finalmente dije: «Yo seré el que estaré en autoridad por las seis semanas que estaré aquí, y entonces el nuevo pastor tomará el control. Esta es la única forma en que esto funcionará. Ustedes deciden.»

El día en que debían decirme su decisión, tuve un llamado de un traficante de drogas, cuya esposa estaba asistiendo a las reuniones. Ella le había confesado a él que estaba cometiendo adulterio con su mejor amigo. Él había decidido tomar esta frustración y culparnos por ello a mí y a la iglesia. Me dijo que nos causaría problemas esa noche.

No presté mucha atención a esta amenaza. Unas pocas horas después, uno de los miembros de la junta, quien nos apoyaba, me informó que este hombre lo había llamado y había amenazado con poner una bomba en la reunión. Le dije: llama a la policía, y pídeles que busquen.

Unas pocas horas después recibí un llamado de la policía. Un oficial me dijo: «Sr. Bevere; por favor venga a la estación de policía a firmar unos documentos para tener una denuncia formal para el arresto de este hombre.»

Yo le dije: «Oficial, no quiero ver a ese hombre arrestado. Él está lastimado. Todo lo que estoy pidiendo es un poco de protección esta noche fuera del edificio.» Él dijo: «mi turno termina en cuatro horas, y la estación más cercana de policía está a 50 kilómetros. Ellos no estarán en condiciones de enviar a nadie esta noche.»

Respondí: «Aun así, no quiero a este hombre arrestado.»

El oficial me preguntó: Sr. Bevere, ¿durante cuánto tiempo ha vivido usted aquí?» Le dije que no vivía en esa ciudad.

Él dijo: «Sr. Bevere. Conozco a ese hombre. Él ya tiene su fama en esto. Es sospechoso de vender drogas. Si él toma unas pocas cervezas, no pondría nada a su paso. No podía creer lo que estaba escuchando. El policía estaba diciendo que este hombre era peligroso, por lo que entendí que debía hacerlo. Pero aún no me sentía libre de firmar la orden de arresto. Así que me negué y le agradecí al oficial.

No sólo estaba luchando con las amenazas de este hombre sino también con los problemas de la junta. Pensé: «Esto es ridículo. *Esta junta me está dificultando las cosas. No me quieren aquí. Ahora mi familia y yo estamos siendo amenazados por un hombre malo.*»

Todo en mí quería sacudir el polvo de mis pies, tomar a mi familia y salir de la ciudad antes del amanecer.

Si yo no hubiera sabido que Dios me había enviado, me hubiera ido, por la seguridad de mi familia. Sin embargo mi corazón no me permitió irme por tres razones: primero, Dios me había enviado, y yo no lo había escuchado decirme que me fuera. Segundo, no quería abandonar a todos los que habían sido tocados. Y tercero, si huyes una vez a causa de la intimidación, es más fácil huir la próxima vez.

Yo tenía la mente del Señor, y decidí permanecer, si eso era lo que la junta decidía. Oré toda la tarde. Fue uno de los tiempos de oración más fuertes que alguna vez he tenido. El don de Dios estaba fortaleciéndose en mí. Estaba listo para la noche.

Pero cuando llegué a la iglesia, supe que no permanecería. La junta se había reunido justo antes de que comenzara el servicio y uno de los diáconos me informó que habían votado que debía irme. El servicio esa noche sería el último.

Estaba entristecido, pero determinado a enfocarme simplemente en lo que Dios quería que hiciera por esa gente esa noche. Prediqué un poderoso mensaje, y el poder de Dios golpeó tan fuertemente que la gente estaba por todo el piso. Muchos que eran reincidentes dieron sus vidas al Señor. El hombre que había hecho la amenaza ni siquiera apareció. Al final del servicio debía anunciar que la junta había decidido que yo no permaneciera. Un grito de protesta salió de entre la gente. Yo no había venido para traer división, así que me sentía en paz yéndome.

Una semana después, la misma junta directiva eligió un pastor que más tarde se descubrió que era homosexual. Pasaron por cuatro pastores el próximo años. El espíritu de intimidación que estaba trabajando en esa junta causó seria destrucción en la congregación.

# Permanece firme y enfocado

Tan pronto como Nehemías lidió con las batallas internas entre sus hombres, otra ola de intimidación los golpeó.

> «*Sanbalat y Gesem enviaron a decirme: Ven y reunámonos en alguna de las aldeas en el campo de Ono. Mas ellos habían pensado hacerme mal. Y les envié mensajeros diciendo: Yo hago una gran obra, y no puedo ir; porque cesaría la obra, dejándola yo para ir a vosotros. Y enviaron a mí con el mismo asunto hasta cuatro veces. Y yo les respondí de la misma manera.*»
>
> —NEHEMÍAS 6.2-4

Sanbalat y Gesem persistieron, tratando de distraer a Nehemías, pero este permaneció firme, enfocado en lo que Dios le había mandado a hacer. Él no sería disuadido de su comisión.

El enemigo quiere desviarnos para hacernos ineficaces en nuestra labor. Satanás no tratará esto sólo una vez. Él es persistente. Debemos ser firmes en nuestras resoluciones, así como él está en las suyas. Es por eso que la Biblia dice que debemos resistirle firmes en la fe (1 Pedro 5.9). La expresión «resistir» significa fuerte, firme e inamovible. Mucha gente se rinde después de unos pocos golpes del enemigo, en lugar de permanecer inamovibles hasta que la victoria es completa.
Sanbalat envió a sus siervos cinco veces a Nehemías, esta vez con una carta que lo acusaba de estar en rebelión, y ponerse a sí mismo como rey de Judá (Nehemías 6.5-7). Esta era una burda mentira.

Aun así, Nehemías no se detendría. Estaba demasiado concentrado para ser desviado. Con frecuencia somos sacados de nuestro curso cuando tratamos muy suavemente las cosas con un enemigo que está tratando de intimidarnos.

He tenido que mirar a la gente y decirle: «¿Por qué estás permitiendo que las mentiras de esas personas afecten lo que Dios te ha llamado a hacer? Sólo porque él te acuse n significa que esté en lo correcto o que tiene la verdad. Necesitas saber lo que Dios dice acerca tuyo, y su plan para ti. ¿Por qué tratar de razonar con la insensatez?» La Biblia dice: «nunca respondas al necio de acuerdo con su necedad, para que no seas tú también como él» (Proverbios 26.4).

La última persona que intentó detener a Nehemías fue un hombre que vino y profetizó que Nehemías debía buscar refugio en el templo, porque el enemigo estaba viniendo para matarlo (Nehemías 6.10). Pero si Nehemías dejaba el lugar de trabajo, debilitaría a los hombres e impediría que el trabajo se completara.

Nehemías respondió: «¿Un hombre como yo ha de huir? ¿Y quién, que fuera como yo, entraría al templo para salvarse la vida? No entraré» (Nehemías 6.11). Él percibió que Dios no había enviado a este hombre para nada: él pronunció esa profecía contra Nehemías porque Tobías y Sanbalat lo habían contratado. Ahora mira lo que Nehemías dijo después de esto:

*«Porque fue sobornado para hacerme temer así, y que pecase, y le sirviera de mal nombre con que fuera yo infamado.»*

—NEHEMÍAS 6.13

El enemigo puede darte un mal nombre por medio de la intimidación diciéndote que te protejas a toda costa. Nehemías tenía la mente del Señor; por lo tanto, era capaz de discernir la pureza y la verdad del mal, y desestimarlo.

Nehemías resumió los esquemas de Sanbalat,

Gesem y Tobías como sigue:

> *«Porque todos ellos nos amedrentaban, diciendo: Se debilitarán las manos de ellos en la obra, y no será terminada. Ahora, pues, oh Dios, fortalece mis manos.»*
> —NEHEMÍAS 6.9

Nuevamente vemos el propósito de la intimidación: debilitarnos para que no podamos cumplir la voluntad de Dios, y no podamos resistir más al intimidador. Si no permanecemos contra esto, de manera inmutable, sucumbiremos.

Nuestro enemigo el diablo intenta muchos caminos diferentes de intimidación cuando invade nuestro territorio. Él no lo intenta una vez y se da por vencido. Si puede detenernos, posponernos o debilitarnos, entonces detiene el avance del Reino de Dios.

Nehemías y sus hombres terminaron el muro. Ahora, rodeada de protección, la ciudad estaba camino a la restauración. No fue fácil. Tremendas resistencias y oposiciones los enfrentaron a lo largo del camino. Pero la gente supo que Dios había hablado, y se rehusaron a retirarse.

## Quebrar a través de la resistencia

La tenacidad de Nehemías es un clásico ejemplo de lo que los creyentes somos exhortados a hacer:

> *«No que lo haya alcanzado ya, ni que ya sea perfecto; sino que prosigo, para ver si logro asir aquello para lo cual fui también asido por Cristo Jesús.»*
> —FILIPENSES 3.12

La palabra clave es *prosigo*. Si Pablo dijo por el Espíritu Santo «prosigo», entonces, como Nehemías, él trabajó a través de frecuentes resistencias. No es que simplemente tropecemos con ellas. Debemos proseguir. Pablo continuó diciendo:

> *«Prosigo a la meta, al premio del supremo llamamiento de Dios en Cristo Jesús.»*
> —FILIPENSES 3.14

Hay un supremo llamamiento y un llamamiento inferior. El supremo es una vida vivida en la tierra, de acuerdo a los estándares celestiales; es ver el Reino de Dios manifestado a través de una vida individual. La gente que vive en el supremo llamamiento controla su entorno. Por permanecer en su autoridad, cambian el clima espiritual de la opresión a la libertad. La oscuridad no puede vencer la luz. La luz expulsa la oscuridad. Cuanto más brillante es la luz, más desplazada es la oscuridad. Así es el caminar en la autoridad del reino de Dios. Ponemos nuestros alrededores bajo su gobierno.

Jesús podía comer con pecadores porque Él controlaba la atmósfera. Si eres más fuerte en Dios que lo que el incrédulo es en el diablo, controlarás la atmósfera. Si un pecador es más dominante en el mal que lo que el creyente lo es en la justicia, el incrédulo controlará el clima espiritual

Cuando decides vivir en le supremo llamamiento, enfrentarás oposición y resistencia. «Y también todos los que quieren vivir piadosamente en Cristo Jesús padecerán persecución» (2 Timoteo 3.12). Nuevamente se nos dice: «Es necesario que a través de muchas tribulaciones entremos en el reino de Dios» (Hechos 14.22).

Aun así, muchos cristianos se establecen y viven en el llamamiento inferior. ¿Por qué? Ellos no quieren enfrentar la resistencia que acompaña el proseguir hacia el supremo llamado. Prefieren el confort de su entorno en lugar de la santa confrontación. Es mucho más fácil mezclarse que pararse. Cuando son enfrentados a la oposición, algunos transigen y buscan el camino sin resistencia.

Creo que nuestra falta de disposición para resistir puede ser atribuida parcialmente a la facilidad y seguridad que construimos en nuestras vidas. Cuidadosamente diseñamos nuestro estilo de vida para evitar cualquier tipo de prueba. No es que me dedico voluntariamente a las pruebas, pero creo que confiamos más en nuestros planes y programas de lo que confiamos en Dios.

Tenemos seguros, si nos enfermamos corremos al doctor sin orar primero, sabiendo que nuestro seguro cubrirá los costos. Nuestros trabajos nos provee u cheque con regularidad. Si perdemos nuestros trabajos tenemos el fondo de desempleo. Si eso se termina, están los programas de ayuda social. Si estos programas no están disponibles, podemos encontrar otro que nos cuide —tal vez uno que compensa la pereza.

La televisión nos anima a un estilo de vida pasivo. El promedio de los norteamericanos miran unas veinticuatro horas de televisión a la semana.[1] Permitimos que los canales de televisión y Hollywood piensen por nosotros. Nuestras ideas están formadas por lo que absorbemos de sus programas.

Los hornos de microondas y las cadenas de comida rápida nos prometen comida instantánea, con un poco o nada de trabajo. Algunos hasta garantizan la comida gratis si el pedido no es servido dentro de los quince minutos. Tenemos correo de un día para el otro, lavanderías de una hora, revelados de fotos en una hora, rápidos cambios de aceite en el carro y acceso al mundo de las noticias las veinticuatro horas. Estas son solo unas pocas de las conveniencias que nos rodean.

La mayoría de ellas están bien, Nos liberan para buscar lo que realmente es importante. Sin embargo, con frecuencia fallamos al elegir qué es lo importante. Muchas personas no buscarán algo si eso requiere trabajar duro.

Desafortunadamente, Esta mentalidad se ha infiltrado en nuestras iglesias occidentales. Pocos cristianos poseen el carácter determinado y persistente necesario para obtener el supremo llamamiento de Dios. Cuando se encuentran con la oposición, se hacen a un costado, al camino de menor resistencia. Al principio, este escape de ruta pareciera ser una buena elección con sus promesas de facilidad. Pero este camino está pavimentado con las características de la tibieza: transigencia, apatía y autopreservación.

Jesús nos instruyó a confrontar las montañas de la adversidad. Entonces ellas serían removidas. Parafraseando estos dos puntos, «derriba la montaña, aun si debes hacerlo piedra por piedra. Igual que Nehemías, los verdaderos guerreros en Cristo prosiguen hacia la montaña, confiados de que nada es imposible para aquellos que creen (Mateo 17.20). En contraste, los que viajan por el camino de la facilidad rodean las montaña para evitar la confrontación.

La corriente de los sistemas del mundo es puesta por el príncipe del poder del aire (Efesios 2.2). Los dominios celestiales están en directa oposición a estas corrientes. Ir en los caminos celestiales significa que enfrentaremos constantemente confrontación de parte de los sistemas del mundo. Desafortunadamente, estos sistemas mundanos también prevalecen en nuestras iglesias.

Comparo esta posición con la experiencia de remar

un bote contra la corriente. Continuamente debes ir contra la corriente del agua. Tus remos debe estar ubicados firmemente en el agua, y debes continuar remando. No puedes dejar ni por un momento. Si lo haces, puedes continuar moviéndote hacia adelante por un corto tiempo, debido a la inercia, pero a los pocos segundos estarás regresando con la corriente. Tu bote podrá estar aún apuntando hacia arriba, pero te estás dirigiendo hacia abajo. Esta ilustración es lo que sucede cuando los creyentes no prosiguen. Todavía apuntan en la dirección del cristianismo, pero ahora están yendo hacia atrás con el mundo. Se convierten en religiosos. Pierden su poder y son ineficaces. Para citar las palabras exactas de Jesús, «no sirve más para nada» (Mateo 5.13).

## Sé fuerte

Luego de que Pablo exhortó a Timoteo a avivar el don de Dios, rápidamente agregó: «Tú, pues, hijo mío, esfuérzate en la gracia que es en Cristo Jesús» (2 Timoteo 2.1). Para proseguir y vencer la intimidación debemos ser fuertes.

Tal como Pablo amonestó a la iglesia en Corinto: «Manténganse despiertos y firmes en la fe. Tengan mucho valor y firmeza» (1 Corintios 16.13, DHH). Un creyente valiente enfrenta las situaciones de dificultad sin huir.

Dios animó a Josué no una vez sino siete, para que fuera fuerte y de buena valentía:

> *«Solamente esfuérzate y sé muy valiente, para cuidar de hacer conforme a toda la ley que mi siervo Moisés te mandó; no te apartes de ella ni a diestra ni a siniestra, para que seas prosperado en todas las cosas que*

*emprendas.»*

—Josué 1.7

Dios dice que se esfuerce y sea muy valiente. ¿con qué propósito? ¿Para ganar guerras o para ser un gran líder? No, con el propósito de cuidar la palabra del Señor. A través de esto, Josué podría ser un gran líder y ganar cada batalla. La intimidación intenta quitarte tu libertad para obedecer la voluntad o la Palabra de Dios. Por lo tanto, debemos ser fuertes y valientes todo el tiempo para no salirnos sin querer de aquello que sabemos es lo correcto.

Definamos la palabra «valiente»:

*«La actitud o respuesta de enfrentar y luchar con cualquier cosa reconocida como difícil, peligrosa o dolorosa en lugar de retirarnos de ella.»*[2]

Ahora, ¿qué es lo opuesto a valentía? Puedes asumir automáticamente que lo opuesto es ser temeroso o débil. Y es verdad hasta cierto punto, pero en esto el desánimo tiene un lugar importante. Sin embargo, Dios conminó a Josué y a nosotros a ser fuertes y valientes, no permitiendo el desánimo en nuestros corazones. El desánimo nos apartará de cumplir su voluntad.

Definamos lo que es desánimo:

*«Estar privado de valentía; tener menos confianza o esperanza.»*[3]

¿Recuerdas cómo Elías estaba abrumado con el desánimo, a causa de la intimidación de Jezabel? Él huyó. Estaba tan desanimado que fue derribado de su autoridad. Necesitamos tratar al desánimo como un enemigo. Subestimamos el poder que tiene para hacernos evitar el supremo llamamiento. Si Dios le dice siete veces a Josué que sea valiente y esforzado, entonces debemos tener cuidado. ¡El desánimo es un asesino! Si no lo confrontamos, nos hará retirar.

> *«Mas el justo vivirá por fe; y si retrocediere, no agradará a mi alma.»*
>
> —HEBREOS 10.38

Es importante darnos cuenta de que Dios no se complace en los cobardes. Nos fue dicho: «El que venciere heredará todas las cosas, y yo seré su Dios, y él será mi hijo, pero los *cobardes* e incrédulos, los abominables y homicidas, los fornicarios y hechiceros, los idólatras y todos los mentirosos tendrán su parte en el lago que arde con fuego y azufre, que es la muerte segunda» (Apocalipsis 21.7,8, énfasis añadido).

La palabra *cobarde* significa «uno que muestra temor indigno en la cara del temor o el peligro».[4] ¿No es algo serio que Dios agrupe a los cobardes con los asesinos y los fornicarios? Pero nos disculpamos a nosotros mismos diciendo que la cobardía es una debilidad.

No; la cobardía viene de la incredulidad. Y la incredulidad le costó a los hijos de Israel sus vidas. Nunca entraron a la Tierra Prometida: «Y vemos que no pudieron entrar a causa de la incredulidad» (Hebreos 3.19).

Esto no es diferente en la actualidad. Un cobarde no conquista. No recibirá lo que esta prometido. El Señor nos exhorta fuertemente a través del apóstol Pablo:

> *«Solamente que os comportéis como es digno del evangelio de Cristo, para que o sea que vaya a veros, o que esté ausente, oiga de vosotros que estáis firmes... y en*

*nada intimidados por los que se oponen.»*
—FILIPENSES 1.27,28

Permanece firme y no permitas que tus enemigos te intimiden. Se bravo, valiente y fuerte, listo para enfrentar y luchar con cualquier oposición en lugar de retirarte de ella. En el siguiente versículo Pablo continúa:

*«Porque a vosotros os es concedido a causa de Cristo, no sólo que creáis en él, sino también que padezcáis por él.»*
—FILIPENSES 1.29

¿Cuál es el padecimiento que vamos a experimentar? Pedro lo responde:

*«Puesto que Cristo ha padecido por nosotros en la carne, vosotros también armaos del mismo pensamiento; pues quien ha padecido en la carne, terminó con el pecado, para no vivir el tiempo que resta en la carne, conforme a las concupiscencias de los hombres, sino conforme a la voluntad de Dios.»*
—1 PEDRO 4.1-2

El sufrimiento que enfrentamos y permanece, viene cuando nuestra propia carne o la influencia de otros nos presiona para ir en una dirección mientras que la voluntad de Dios para nosotros es ir en la dirección opuesta. Se nos encomienda ser valientes y esforzados para que podamos guardar la Palabra del Señor.

Pedro dice que debemos armarnos a nosotros mismos para eso. Un cristiano que no esta equipado o preparado para sufrir es como un soldado que va a la batalla sin armas. Este soldado será capturado o muerto. Los cristianos que no están armados para sufrir serán fácilmente capturados y encarcelados por el temor del hombre —la intimidación.

Debemos esperar encontrar la resistencia que acompaña nuestra búsqueda del supremo llamamiento; sin embargo, Pablo, fue rápido en decir confiadamente: «Y el Señor me librará de toda obra mala, y me preservará para su reino celestial. A él sea gloria por los siglos de los siglos. Amén» (2 Timoteo 4.18). La voluntad de Dios siempre nos libra para su gloria. ¡Aleluya!

Lee cuidadosamente las siguientes exhortaciones de Dios. Léelas como si nunca antes las hubieras visto. Detente y toma el tiempo necesario para meditar cuidadosamente en cada palabra, permitiendo que el Espíritu Santo las ilumine.

*«Si Dios es por nosotros, ¿quién contra nosotros?»*
—Romanos 8.31

*«¿Quién nos separará del amor de Cristo? ¿Tribulación, o angustia, o persecución, o hambre, o desnudez, o peligro, o espada?… Antes, en todas estas cosas somos más que vencedores por medio de aquel que nos amó.»*
—Romanos 8.35, 37

*«Hijitos, vosotros sois de Dios, y los habéis vencido; porque mayor es el que está en vosotros, que el que está en el mundo.»*
—1 Juan 4.4

Guarda la pureza de tu corazón y permanece en tu posición de autoridad como hijo y siervo de Dios. Entonces confiadamente declararás:

*«El Señor es mi ayudador;*
*no temeré lo que me pueda hacer el hombre.»*

# Epílogo

Para cerrar, te exhorto a que no permitas que ninguna falla pasada te retenga. No juzgues tu futuro por el lugar de donde has estado. Si lo haces, ¡nunca irás más allá de tu pasado! No importa con cuanta frecuencia hayas caído, hay una esperanza que no falla: Dios se especializa en hacer campeones a los cobardes. ¡Aleluya! Su poder es perfecto en la debilidad.

Como un ejemplo de ánimo mira la vida de Andrés, el hermano de Simón Pedro. La noche en que Jesús fue arrestado, «todos los discípulos , dejándole, huyeron» (Mateo 26.56). Pedro no era el único intimidado; también Andrés huyó por su vida. Aunque esto fue un acto de cobardía, no significó que Andrés permanecería siendo un cobarde.

Luego de la resurrección de Jesús, Andrés predicó en Etiopía, la cual estaba bajo el gobierno Romano. El siguiente es un recuento histórico de como él glorificó a Jesús:

«Cuando Andrés, a través de su diligente predicación trajo a muchos a la fe de Cristo, Aegeas, el gobernador, le pidió permiso al senado romano para forzar a todos los cristianos a hacer sacrificios y honrar a los ídolos romanos. Andrés pensó que resistiría a Aegeas y fue ante él, diciéndole que un juez de hom-

203

bres primero debiera conocer y adorar a su Juez en el cielo . Mientras que adorando al verdadero Dios, dijo Andrés, el podría desterrar a todos los dioses falsos y cegar a los ídolos de su mente.

Furioso con Andrés, Aegeas demandó saber si él era el hombre que recientemente había trastornado el templo de los dioses y persuadido a los hombres de que se hicieran cristianos —«Una secta supersticiosa» que recientemente había sido declarada ilegal por los romanos.

Andrés contestó que los gobernantes de Roma no entendían la verdad. Que el Hijo de Dios, quien había venido al mundo por el bien del hombre, enseñó que los dioses romanos eran demonios, enemigos de la humanidad, enseñando a los hombres a ofender a Dios causando que Él los abandonara. Por servir al demonio, el hombre cayó en toda clase de maldades, dijo Andrés, y después que ellos murieron, nada es recordado sino sus malas hazañas.

El procónsul le ordenó a Andrés que no predicara más estas cosas o enfrentaría una rápida crucifixión. Ante lo cual Andrés respondió: «Yo no habría predicado el honor y la gloria de la cruz si le temiera a la muerte de la cruz.» Él fue condenado a ser crucificado por enseñar una nueva secta y dejar de lado la religión de los dioses romanos.

Andrés, mientras iba hacia el lugar de su ejecución y viendo la cruz esperando por él, nunca cambió su expresión, ni cambió su declaración. Su cuerpo no desmayó, ni su razón se desvirtuó, como suele pasar con los hombres que están a punto de morir. Él dijo: ¡Oh cruz, bienvenida y anhelada! Con una mente dispuesta, gozosa y deseosa, vengo a ti, siendo el alumno de Aquel al que colgaron en ti, porque siempre he sido tu amante y he anhelado abrazarte.»[1]

Este no era el mismo hombre que huyó por su vida cuando Jesús fue arrestado. Había cambiado.

De hecho, todos los discípulos que habían huido finalmente murieron a causa de sus testimonios de Jesucristo. Dios les garantizó el privilegio de enfrentar la misma cosa de la que habían huido. Al dar sus propias vidas, ¡el poder de la intimidación se quebró!

Esto debería confortarte, sabiendo «que el que comenzó en vosotros la buena obra, la perfeccionará hasta el día de Jesucristo» (Filipenses 1.6). El testimonio de estos discípulos es muestra de como Dios ¡cambia nuestras fallas en victoria! No te retires, sino atrévete a creer en Aquel que te amó y se dio a sí mismo por ti. Oremos juntos:

> «*Padre, en el nombre de Jesús te ruego que me fortalezcas a través de tu amor y sabiduría. Perdóname por retirarme en los tiempos de dificultad a fin de preservar mi propio confort y seguridad. Señor Jesús, hoy elijo negarme a mí mismo, tomar mi cruz y seguirte. Soy tu siervo; recibo tu gracia que me autoriza para que pueda hablar tu palabra y cumplir tu voluntad con valentía y amor.*»

Ahora, dirijámonos al espíritu de temor y control:

> «*Rompo las palabras de intimidación y control dichas sobre mi vida por mí mismo o por otros. Rompo la atadura del temor del hombre en mi vida. Ustedes, espíritus inmundos de la oscuridad, sepan que someto mi ser a Dios y los resisto a ustedes. No les daré lugar en mi vida, por lo tanto voy en el nombre de mi Señor Jesucristo. Amén.*»

> «*Y aquel que es poderoso para guardaros sin caída, y presentaros sin mancha delante de su gloria con gran*

*alegría, al único y sabio Dios, nuestro Salvador, sea
gloria y majestad, imperio y potencia, ahora y por todos
los siglos. Amén.»*

—JUDAS 24,25

# Notas

## Capítulo 5
## Dones dormidos

1. Una carde de Edmund Burke a William Smith, 9 de enero, 1975.
2. The Oxford English Dictionary.
3. Merriam-Webster's Collegiate Dictionary, 10 ª edición.
4. The Oxford English Dictionary.

## Capítulo 8
## Aviva el don

1. Tyndale, *New Bible Dictionary*, 2ª edición.

## Capítulo 9
## La raíz de la intimidación

1. Logos Bible software, versión 1.6 (Oak Harbor, Wash.: Logos Research System Inc., 1993).
2. «Día del juicio», aquí se refiere al juicio que será lanzado contra un creyente, de parte de un hombre malvado. Ver Romanos 3.4 e Isaías 54.17.

## Capítulo 13
## El espíritu de dominio propio

1. H Lawrence, 1646.

## Capítulo 14
## ¡Adelante!

1. Statistical Abstracts, 1994.
2. Meerian –Webster's Collegiate Dictionary, 10ª edición.
3. Ibid.
4. Ibid.

## Epílogo

1. John Foxe, *Foxe's Christian Martyrs of the World* (Greensburg, Pa.: Barbour and Company Inc., 1991), pág. 6-7.

# Bibliografía

Strong, James. *The New Strong's Exhaustive Concordance of the Bible*. Nashville, Tenn.: Thomas Nelson, 1984.

Vine, W.E., Merrill F. Unger y William White, Jr., *An Expository Dictionary of Biblical Words*. Nashville, Tenn.: Thomas Nelson, 1984.